U0862431

物业管理财务基础

WUYE GUANLI CAIWU JICHU

◎潘敏虹　罗其安　主编

暨南大學出版社
JINAN UNIVERSITY PRESS
中国·广州

图书在版编目（CIP）数据

物业管理财务基础/潘敏虹，罗其安主编．—广州：暨南大学出版社，2009.9（2015.5重印）
ISBN 978-7-81135-391-4

Ⅰ．物…　Ⅱ．①潘…②罗…　Ⅲ．物业管理：财务管理
Ⅳ．F293.33

中国版本图书馆 CIP 数据核字（2009）第159988号

出版发行：暨南大学出版社

地　址：中国广州暨南大学
电　话：总编室（8620）85221601
营销部（8620）85225284　85228291　85228292（邮购）
传　真：（8620）85221583（办公室）　85223774（营销部）
邮　编：510630
网　址：http：//www.jnupress.com　http：//press.jnu.edu.cn

排　版：暨南大学出版社照排中心
印　刷：暨南大学印刷厂

开　本：890mm×1240mm　1/32
印　张：9.5
字　数：242千
版　次：2009年9月第1版
印　次：2015年5月第4次
印　数：6001—7000册

定　价：20.00元

（暨大版图书如有印装质量问题，请与出版社总编室联系调换）

前言

物业管理企业是集高度统一的管理，全方位、多层次的服务，市场经营于一体，寓经营、管理于服务之中的一种新兴的服务行业，属于第三产业。我国的物业管理起步较晚，目前还没有专门针对物业管理企业财务核算的会计制度。由于物业管理是作为房地产综合开发的延续和完善，在房地产开发中为完善市场机制而逐步建立起来的综合性经营服务方式。物业管理企业目前的会计核算主要参照《施工、房地产开发企业财务制度》，并执行《物业管理企业财务管理规定》，但物业管理企业毕竟不同于施工、房地产开发企业和其他服务业，物业管理企业有其自身的经营特点和管理要求。

会计是一门信息科学。物业管理的财务基础是根据物业管理公司的经营目标和经营方针，帮助公司利益关系的各方了解过去、分析现在和预测未来。具体而言，了解过去和分析现在是指了解公司过去和现在的经营成果及财务状况；预测未来是在了解过去和分析现在的基础上，对未来可能出现的各种情况及其对公司资金运动的影响进行科学的推断。

本书是编著者在参阅国内外近年来出版的物业管理企业财务管理制度规定和相关文献的基础上，结合多年的教学实践经验编写而成的。本书共七章，第一章、第二章由暨南大学会计系罗其安副教授编写；第三章、第四章、第五章由广州珠江管理专修学院潘群华老师编写；第六章、第七章由暨南大学会计系潘敏虹副教授编写。

广州珠江物业酒店管理公司是国内最早从事物业管理的专业公司之一，在业内享有较高声誉。广州珠江管理专修学院也很早就开始培养物业管理的专门人才，积累了丰富的实践和教学经验。本书在编写的过程中得到了上述两单位的大力支持，为我们提供了丰富的经验和素材，在此我代表编著者表示衷心的感谢！

本教材可作为高等院校物业管理、房地产经营管理等专业的专业课程用书，也可作为各相关专业开设同类课程的教学用书。

潘敏虹

2009 年 7 月

目　录

第一章　总　论

学习目标

通过本章学习，应该熟练掌握下列内容：

①会计的概念及其特点；

②会计的基本假设和财务会计目标；

③会计学的基本分类。

第一节　会计的定义与会计职能

一、会计概念及其特点

会计是一种提供一个可确认的经济实体的有用财务信息的管理服务活动。它以货币为主要计量单位，运用专门的方法，对企业、事业和机关等单位的资金运动（或可以用货币计量的经济活动）进行全面、系统和连续的核算和监督①。会计具有以下四项特点：

（1）会计以货币为主要计量单位。

（2）会计在反映经济活动时具有完整性、连续性和系统性。

（3）会计在对经济活动进行核算时形成了一套专门的方法和特定的程序。

（4）会计是一个为会计报告使用者服务的信息系统，是一种商业语言，是一项财务资源。

会计所提供的信息，必须是会计信息使用者能够在决策中使用的有用信息。

---

① 中国会计学家葛家澍（1980）认为："会计主要运用货币形式，连续、系统、全面、综合地核算各企业各单位的资金运动，并在此基础上进行分析和检查，借以反映和监督经济过程及其成果。"

美国会计原则委员会（APB）发布的《企业财务报告编报的基本概念与会计原则》（1970）认为："会计是一项服务活动，它的职能在于提供有关经济主体的数量信息（主要是财务性质的信息），以便于决策或在各种可供选择的行动方案中作出合理的选择。"

美国财务会计准则委员会（FASB）发布的《论财务会计概念——第 1 号》（1978）认为："财务会计并不是设计用于直接计量一个企业的价值，而是提供对那些期望预测企业价值的人有所帮助的信息。"

二、会计的基本职能

会计职能是指会计作为一种提供一个可确认经济实体的有用财务信息的管理服务活动所具有的内在功能。会计职能的外在表现就是人们所说的会计作用。综合会计学术界的各种观点，会计具有众多内在功能，如反映经济信息（会计核算）、监督经济活动（事后监督）、控制经济过程（事中监督）、考核经济成果、分析经济情况、预测经济前景、参与经济决策等。但是，根据我国《会计法》（第五条）和会计学界的普遍观点，会计的基本职能为会计核算与会计监督①。

（一）会计的核算职能

会计核算是以货币为主要计量单位，对经济活动进行确认、计量、记录和报告的工作。会计的核算职能是指会计利用货币形式，通过对经济活动进行确认、计量、记录、报告，从数量上反映各会计主体经济活动的发生及完成情况，为有关会计信息使用者提供系统、完整、综合的财务信息的内在功能。它以价值形式反映会计主体的资产、负债、所有者权益（或净资产）、收入、费用（或支出）及其成果的经济信息等。会计核算是会计的首要职能，也是全部会计管理服务工作的基础。

会计核算职能的基本特点包括：

（1）会计核算主要是事后记账、算账、报账。它从数量上综合反映各单位正在发生或已经完成的各项经济活动（事后核算）。会计核算事项包括：① 款项和有价证券的收付；② 财物

① 美国 John R. Cerepak（Fairleigh Dickinson University）和 Donald H. Taylor（University of Arkansas）在《会计原理》（*Principles of Accounting*，1987）中认为："会计活动具有 4 项基本职能：①观察和选择商业交易；②记录交易；③为报告分类和概括；④解释报告。"

的收发、增减和使用；③ 债权、债务的发生和结算；④基金的增减和经费的收支（预算会计）；⑤收入、费用、成本的计算；⑥财务成果的计算和处理；⑦其他需要办理的会计事项。

（2）会计核算主要是从价值方面反映各单位（经济实体）的经济活动的过程及其结果。虽然在进行会计核算时，需要同时使用实物、劳动时间和货币三种量度从数量上反映经济活动状况，但是它是以具有综合性特点的货币量度为主，以实物量度（如吨、公斤、米、台、件等）和劳动时间量度（如月、天、小时等）为辅的。

其原因是实物量度和劳动时间量度不能综合反映经济活动的过程及其结果。货币量度是以一定的货币单位为统一计量标准，对经营活动进行综合反映。近代会计的重要特点就是以货币为主要计量单位，对经营活动进行确认、计量、记录、计算、加工整理，综合反映经济活动的过程及其结果，为各有关会计信息使用者提供对决策有用的财务信息。

（3）会计核算具有完整性、连续性和系统性。会计核算是通过采用一整套科学的方法，对会计对象进行全面、系统、连续、综合的确认、计量、记录和报告的。会计核算的完整性是指会计核算人员必须对所有可以用货币计量的经济业务进行及时的确认、计量、记录和报告，不能有任何隐瞒或遗漏；会计核算的连续性是指会计的确认、计量、记录和报告必须按会计准则的要求连续不断地进行，不得任意重复或中断；会计核算的系统性是指会计核算人员必须按会计准则的要求，采用科学的核算方法对经济活动进行确认、计量、记录和报告，不能记混账，更不能对外报送容易使会计信息使用者产生误解的财务报告。

（二）会计的监督职能

会计监督是指由各单位的会计人员通过会计工作对经济活动进行的检查与督导。会计的监督职能就是会计按照一定的业绩评价目的和要求，利用会计核算所取得的会计信息，对会计主体的经济活动进行事前、事中和事后的检查与控制，使之达到预期目标的内在功能。

会计监督的核心是干预会计主体的经济活动，使之符合一定的目的和要求；同时，考核其经济活动的合理性、有效性及其经营成果，以达到预期的经济效益。

会计监督的主要内容包括：①真实性监督。会计以实际发生的交易或者事项为依据，如实反映符合确认和计量要求的各项会计要素及其他相关信息，保证企业各项经济活动的真实可靠性和内容完整性。②合理性和合法合规性监督。会计根据企业的业绩评价标准和政府的相关财经法规，对即将进行或正在进行的经济活动的合理性、合法性进行监督。通过监督达到查错防弊的目的，保护单位财产的安全、完整。③有效性监督。会计通过对企事业单位经济活动的全过程进行事前、事中、事后监督，来评价各项活动是否符合经济效益原则、有无损失浪费的现象。

会计监督的特点包括：①会计监督贯穿于各单位经济活动的全过程（即包括事前监督、事中监督、事后监督），具有经常性和连续性。②它主要利用各种价值指标进行监督。③它是一种双重性的经济监督，包括各单位内部会计监督和外部会计监督两部分。

会计监督的主要形式包括：①核对凭证和账目。通过对会计凭证进行审核，来监督单位经济活动的真实性、合理性、合法合规性和有效性。②财产清查。通过定期或不定期的盘点和财产清查，检查账实是否相符，借以保护财产的安全、完整。

会计核算和会计监督两种职能的关系是十分密切和相辅相成的。一方面，会计核算是会计监督的基础，没有会计核算，就无法进行会计监督（只有正确地核算，监督才有真实、可靠的依据）；另一方面，会计监督是会计核算的保证，如果只有会计核算而不进行会计监督，就不能发挥会计工作的应有作用。

第二节　会计假设与会计目标

一、会计假设

会计假设也称会计核算的基本前提。会计核算的基本前提是指组织正常会计核算工作应当具备的前提条件。具体来说，它是为了保证会计工作的正常进行和会计信息质量，对会计核算的空间范围、选择会计程序和处理方法的基本立足点、分期结账报告和会计计量所作的限定。

在我国的《企业会计准则》中，明确规定了四项会计假设①（会计核算的基本前提），即会计主体假设、持续经营假设、会计分期假设、货币计量假设。要求企业在会计核算过程中，必须明确会计主体、立足持续经营、依法划分会计期间、合理选择货币计量尺度。

（一）会计主体假设

会计主体（又称会计实体、会计个体）是指会计信息所反映的特定单位或者组织（即会计人员服务的特定单位，如企业、事业或机关等单位）。会计主体假设是指企业、事业或机关等单位进行会计核算时必须明确其会计核算的空间范围。也就是说，会计主体假设是将会计核算的空间范围严格限制在某个拥有一定资源的特定单位或组织之内。独立经营、自负盈亏的单位都可以成为一个会计主体。

① 也可理解为六项会计假设。其他两项为权责发生制（会计核算基础其实也是会计假设）和按经济特征确认会计要素。

会计主体假设内含两项要求：① 会计记录和会计报表只能反映特定单位（或组织）范围内的经济活动。在会计核算中，应该区分自身的经济活动与其他企事业单位的经济活动、与投资者和职工个人的经济活动。明确哪些经济活动应当予以确认、计量和报告，哪些经济活动不包括在其核算的范围内。② 应该从本单位（或组织）的角度来确认收入和费用、确认资金的流入和流出。

会计主体与法律主体（经济上的法人）存在着区别。一般来说，法律主体（具有独立法人资格）一定是会计主体，但会计主体不一定是法律主体。这是因为：①会计主体可以是独立法人（法律主体），也可以是非法人（如合伙经营企业）；②会计主体可以是一个企业（法律主体），也可以是企业内部的某一单位（或分支机构），如企业的分公司、企业设立的事业部都可以成为会计主体；③会计主体可以是单一企业（法律主体），也可以是由几个企业组成的企业集团（它们都是法律主体）。

会计主体假设限定了会计核算的空间范围，为会计人员的会计核算提供了立场。会计主体假设是持续经营、会计分期和货币计量假设以及全部会计核算原则建立的基础。

（二）持续经营假设

持续经营假设是指会计人员是以会计主体持续、正常的生产经营状况为前提，选择会计程序和会计处理方法，进行会计核算。持续经营是指会计主体在可以预见的未来里，其经济活动是持续、正常进行的，不会面临破产清算。

持续经营假设明确了会计核算的时间范围。会计核算上所使用的一系列会计政策和会计估计，都是建立在会计主体持续经营的基础上的。如固定资产计提折旧、无形资产摊销、按合约规定的偿债义务计量负债等。

如果企业在可预见的未来面临清算、解散、倒闭，就不能按企业会计准则规定的资产、负债的正常计量原则进行计量和会计核算，而应该采用其他特种会计规范（如清算会计）进行相关的会计处理。否则，会计信息就不能客观地反映企业的财务状况、经营成本和现金流量情况，从而有可能误导会计信息使用者作出错误的经济决策。

（三）会计分期假设

会计分期是指把会计主体持续不断的经济活动过程，人为地划分为连续的、长短相同的时间段落，每一个时间段称为一个会计期间。

会计分期假设（又称会计期间假设）是会计核算时间范围的规定。会计分期假设是指将会计主体持续不断的经济活动过程，人为地分割成首尾相连、等间距的会计期间，并定期结账和编制会计报告，从而及时向会计报告使用者提供反映会计主体各期财务状况、经营成果（或预算收支情况）和现金流量的会计信息。

会计分期假设使会计核算可以分期结算账目、定期编制财务会计报告，及时向会计报告使用者提供会计信息。

通常，以一年作为划分会计期间的标准（即会计年度）；然后再将会计年度按公历法进一步划分为会计月份等。会计年度可以是日历年度，或以某一日为开始的365天的期间作为一个会计年度。

会计期间分为年度和中期。中期是指短于一个完整的会计年度（如半年度、季度和月度）的报告期间。

我国的《企业会计准则》规定，企业的会计期间按年度划分，以公历年度为一个会计年度（即从公历每年1月1日至12月31日为一个会计年度）。同样，会计中期均以公历半年度、季度和月份来计量。

由于会计分期是人为的，因此各国家、地区的具体会计分期方法可能存在不一致现象。有些国家或地区按公历年度进行会计分期（如中国内地），有些国家或地区按营业年度进行会计分期（见表1－1）。

表1－1　各国家或地区的具体会计分期方法

会计年度	时　间	国家或地区
公历年度	1月1日—12月31日	中国内地、俄罗斯、德国、巴西、朝鲜
营业年度	4月1日—次年3月31日	英国、加拿大、丹麦、印度、日本
	10月1日—次年9月30日	美国、泰国
	3月21日—次年3月20日	阿富汗、伊朗
	10月15日—次年10月14日	沙特阿拉伯

会计分期对会计核算具有重大的影响。由于有了会计分期，才产生了下列一些会计概念及其相关的特殊会计方法：本期与非本期的区别、权责发生制和收付实现制、预收预付、应收应付、预提待摊等。

（四）货币计量假设

货币计量假设是指会计主体在会计核算过程中，采用货币为统一的尺度（计量单位）对其经济活动进行计量。货币是商品的一般等价物，能用于计量所有会计要素，也便于综合。货币计量假设为会计核算指定了统一的计量单位。

货币计量假设具有两层含义：①会计以货币为统一的计量尺度。为了实现会计目的，会计必须综合反映会计主体的各种经济活动，这就要求有一个统一的计量尺度。在商品经济条件下，货币最适合充当这种统一计量尺度。货币计量是以货币价值相对稳定为条件的。②确定记账本位币。记账本位币是指会计主体在日常会计核算中统一使用的币种（日常登记账簿和编制会计报表用以计量的货币）。进行会计核算时，必须具体确定记账本位币。我国《会计法》规定，会计核算以人民币为记账本位币。业务收支以人民币以外的货币为主的单位，也可以选定某种人民币以外的货币作为记账本位币，但向国内报送的财务会计报告应当折算为人民币反映。

二、会计目标

会计目标是指会计人员从事会计工作期望达到的目的①。它是连接会计理论与会计实践的纽带和桥梁。

会计的目标源于会计信息使用者的需要。会计报表使用者所需要的财务信息包括反映企业特定日期的财务状况的信息、反映企业一定期间的经营成果的信息、反映企业一定期间的现金流量的信息、企业管理当局受托责任完成情况的信息等。

因此，会计目标是为财务报告使用者提供对其决策有用的关于财务状况、经营成果和现金流量等财务信息，并向资源的提供

---

① 在会计目标理论上，目前存在三种主要的会计目标论（观点）：受托责任观、决策有用观、契约成本观。受托责任观认为，由于企业所有权和经营权的分离，会计目标是向股东提供反映企业经营管理者对受托资源的管理和使用情况的财务信息。决策有用观认为，会计目标是向会计信息的使用者（主要包括现有的和潜在的投资者、信贷者、政府和企业管理当局等）提供对其进行决策有用的信息（主要是关于现金流量、经营业绩和资源变动等信息）。契约成本观认为，会计目标是降低企业的契约成本（包括交易成本、代理成本、信息成本、再谈判成本等）。

者报告企业管理当局资源受托管理的情况①。

第三节　会计学及其分支

会计学分为企业会计学与政府及非营利组织会计学（大多称之为“预算会计学”，但是将政府及非营利组织会计称为“预算会计”存在许多局限性和缺陷，并容易造成各级政府、行政单位和事业单位等的会计核算内容不完整、会计信息质量低下）两大类别。其中企业会计学又分为管理会计学与财务会计学，政府及非营利组织会计学又分为财政总预算会计学、行政单位会计学和事业单位会计学。会计学及其分支用图 1－1 表示。

- 会计学
  - 企业会计学
    - 财务会计学
    - 管理会计学
  - 政府及非营利组织会计学
    - 财政总预算会计学
    - 行政单位会计学
    - 事业单位会计学

图 1－1　会计学及其分支图

一、企业会计学

企业会计（或营利组织会计）是服务于某一以营利为目的的经济组织的会计。企业会计学是一门以营利为目的的经济组织

① 我国《企业会计准则——基本准则》（2006）第四条规定，财务会计报告的目标是向财务会计报告使用者提供与企业财务状况、经营成果和现金流量等有关的会计信息，反映企业管理层受托责任履行情况，有助于财务会计报告使用者作出正确的经济决策。它容纳了决策有用观和受托责任观两种观点。

的专业会计学。

从会计史来看，1494 年意大利卢卡·巴其阿勒在其所著的《算术、几何、比及比例概要》一书中，第一次从理论上比较全面地探讨了复式记账原理及其具体应用的“簿记学”。19 世纪末、20 世纪初，在产业革命的影响下，英国产生了适应大生产需要的公司组织，企业的所有权与经营管理权相分离。因而对簿记提出了更高的要求，不仅要求记账、算账和报账（即提供经济信息），而且要求审核账目，查错防弊；不仅要求会计解释经济信息，而且要求人们研究资产估价方法等与其有关的理论。在这种历史背景下，英国学者皮克斯利（F. W. Pixley）、迪克西（L. R. Dicksee）和乔治·李斯尔（George Lisle）进一步将簿记学推进到会计学。当时，英国的经济实力、科学技术和军事实力不断增强，逐步成为世界经济中心和会计研究中心。由于美国在第一次世界大战中各种经济资源（包括工厂设备等）不仅保持完整无缺，而且大发战争横财，其经济实力、科学技术和经营管理方面逐步取代了大不列颠帝国的统治地位，会计理论研究中心也就转移到了美国。为了提高工人的工作效率，降低产品生产成本，泰勒（F. W. Taylor）等进行了工作分析、时间和动作研究，建立起特定单位产出所需的人工和材料的科学标准，开创了将间接制造费分配给产品成本的实务，并形成了以费用预算、标准成本法和差异分析为主的具有科学管理特性的会计管理技术方法。随着泰勒的科学管理在美国许多企业的广泛推行，会计学逐步将“标准成本”、“差异分析”等专门方法引入会计方法体系，以适应企业科学管理的需要，促进企业生产效率和工作效率的提高。当时的成本会计系统与对外财务会计系统相互独立，其设计和运行归制造部门负责，其提供的成本信息被制造部门用来评价营业效率、进行定价决策、控制和激励工人业绩，而不是以编制对外财务报告为目的。因此，一些学者根据企业科学管理的需要，开始提出“管理会计”概念，主张管理会计的重心是企业内部管理，即加强企业内部管理服务。管理会计又称“内部报告会计”，它是指以企业现在和未来的资金运动为对象，以为企业内部管理者提供经营管理决策依据为目标而进行的经济管理活动。管理会计包括成本会计和管理控制系统两大部分。

从19世纪早期开始，为了强调成本会计信息独立于财务会计系统的重要性，人们开始将关于会计要素的确认、计量和对外报告的传统会计工作称为“财务会计”，而将以企业现在和未来的资金运动为对象，以为企业内部管理者提供决策依据为目标的内部报告会计称为“管理会计”。财务会计与管理会计最本质的区别是：

财务会计是对外会计，是通过记账、算账，并定期编制财务会计报告，提供企业一定日期的财务状况以及一定期间的经营成果和现金流量情况的一整套信息处理系统。其服务主要是外向的，侧重于为企业外界有经济利益关系的团体和个人（投资者、债权人等）提供会计信息。

管理会计是对内会计，主要是通过一系列专门方法，利用财务会计提供的资料及其他资料进行整理、计算、对比和分析，使企业各级管理人员能据以对日常发生的一切经济活动进行规划与控制，并帮助企业管理人员作出各种专门决策的一整套处理系统。其服务主要是内在的，侧重于加强内部管理的需要，为企业内部各级管理人员提供经营决策所需的信息。

二、政府及非营利组织会计学

政府及非营利组织会计学又分为政府会计和非营利组织会计。

政府机构的活动受到法令的规定与限制，它必须按特定的来源取得收入，并按特定的用途和目的支用经费。因此，政府机构应以其特定来源与特定用途的基金作为会计对象，以反映政府机构所收到的资产，并确保支出仅为授权的目的而为，也即应按各个基金分设账户，列示资产、负债及基金余额，以及收入及支出情况，以此编制各单独的财务报表，揭示其资产获得的资金来源及经费运用的去向。政府会计又包括财政总预算会计和行政单位会计。财政总预算会计是指各级财政部门核算、控制政府预算执行和财政周转金等各项财政性资金活动的专业会计。行政单位会计是指对各级行使国家权力、管理国家事务、维护社会公共秩序、进行各项行政管理工作的国家机构等单位预算资金及其他资金的运动进行反映和控制的专业会计。

非营利组织会计（也就是事业单位会计）是指对为社会而非为某一个人或组织谋取利益的法律主体或会计个体的资金收支进行反映和控制的专业会计。主要包括高等院校、公立医院、文化事业单位、福利机构、慈善机构和基金代理机构的会计等。

第四节　物业管理企业财务信息特点

我国市场经济的不断发展和城市房地产业的崛起，使专门从事对房地产物业实施社会化、专业化管理的经营队伍从房地产企业中分离出来，并迅速成长为现代物业管理企业。这些企业的会计核算和财务管理随之发生了巨大的变化。尽管在中国内地，物业管理企业是近些年来才发展起来的年轻产业群体，但它给业主和整个社会带来的社会效益和经济效益是毋庸置疑的，因此，物业管理企业的财务信息受到人们的普遍关注。因此，加强和规范物业管理企业的会计核算和财务管理，提高物业管理企业的经营管理水平，促进物业管理企业健康有序地发展，是物业管理企业会计人员的主要职责。总的来说，物业管理企业财务信息的主要特点包括以下几个方面：

一、物业管理企业的财务信息相对简单

在物业管理企业经营过程的资金运动中既不涉及商品生产过程，也不存在商品销售过程，其主要经营业务包括：为业主（物业产权人及其使用人）提供管理服务（包括公共服务、公众代办性服务和特约服务）、物业经营服务和物业大修理服务，各项存货的采购与消耗，自有固定资产和无形资产的购建与折旧或摊销（物业产权人、使用人提供的房屋建筑物和共用设施，不属于物业企业的资产，不能予以确认和计量），计算和收缴物业管理收入、物业经营收入和物业大修理收入及其资金分配，加强人力资源管理并计算、支付各种职工薪酬等。可见，物业管理企业的会计核算和财务管理的对象（即资金运动）相对简单，其财务信息与制造企业和商品流通企业等相比也更为简单。

二、财务信息使用者主要是业主和公司管理层等

由于物业企业通常没有长期负债，短期借款也很少甚至没有，故债权人不是物业管理企业财务信息的主要使用者；由于物业管理企业的财务风险通常较低或不存在，其经营风险通常也可以事先予以预测，故物业管理企业的所有者主要关注利润表，以了解企业的各期利润形成情况，但是由于物业企业的经营过程较简单，各项收入和费用通常也可以较准确地予以测算，因此物业管理企业财务信息的主要使用者是公司管理层和业主（物业产权人及其使用人），其次才是物业企业的所有者等。公司管理层主要是通过会计提供的财务信息，了解与分析其受托责任的履行情况和经营业绩；业主主要是通过会计提供的财务信息，了解与分析各项物业管理收入、物业经营收入和物业大修理收入的使用状况及其使用效率等。

此外，由于物业管理企业财务信息中通常没有长期负债和销售费用信息，因此不需要进行长期偿债能力和销售利润率的分析。

思考题

1. 什么叫会计？会计具有哪些特点？
2. 会计具有哪些基本职能？
3. 你认为会计目标是什么？怎样理解会计目标？
4. 我国2006年《企业会计准则——基本准则》规定了哪些会计核算的基本前提？
5. 会计主体假设的含义及其作用是什么？
6. 持续经营假设的含义及其作用是什么？
7. 会计分期假设的含义及其作用是什么？
8. 货币计量假设的含义及其作用是什么？

第二章　会计要素与会计等式

学习目标

通过本章学习，应该熟练掌握下列内容：

①会计要素的含义、内容及其分类；

②动态会计要素和静态会计要素的内容及其分类；

③各会计要素的概念和特点；

④会计基本等式及其各种变换形式。

第一节 会计要素

会计要素是指会计核算的具体对象，是对会计核算对象进行分类的具体分类项目，也是构成会计报表的基本项目。

企业会计核算的对象是企业经营过程中的资金运动或所从事的各项经济业务（传统会计尤其强调其中的可用货币计量的经济业务）①。

企业作为独立的经济实体，必然有自己的经营目标。为了实现这个目标，并反映企业财务目标的实现情况，企业会计必须对日常发生的经济业务及其所体现的资金运动进行连续、系统、全面的核算，反映企业某一时点的财务状况和某一期间的经营成果和现金流量情况。

企业的资金运动包括资金的筹集、资金的运用、资金的耗费、资金的收回与分配等方面。其中，企业的资金运用、资金耗费和资金收回，主要发生在企业的物资采购和保管过程（简称财产物资供应过程）、产品生产过程和商品销售过程之中。

一、企业的资金运动过程

（一）资金的筹集

企业为了从事其经营业务，达成经营目标，首先必须通过各种渠道筹集必要的资金。资金的筹集是企业资金运动的前提和条件。作为独立从事经营活动的经济实体，企业首先必须采取灵活有效的方式，从一定的资金来源渠道筹集其经营所必需的资金

① 这是关于会计核算对象的两种观点，即资金运动观和可计量经济业务观。

量。企业可以通过吸收投资者（包括政府、其他企业单位、个人和外商等）的直接投资（包括通过发行股票方式从投资者那里取得资金），并构成企业的自有资金；也可以通过向银行借款、发行债券、应付款项等方式吸收债务资金，并构成企业的负债。企业从投资者和债权人那里筹集的资金通常是货币资金，有时也可以是实物或无形资产。

（二）资金的循环与周转

资金运用、资金耗费和资金收回形成了企业资金的循环与周转。以制造企业为例，在企业的经营过程中，企业资金从货币资金形态开始，顺次通过购买、生产、销售三个阶段，分别表现为生产储备资金或固定资金、未完工产品（包括在产品和半成品）资金、产成品资金等不同形态，然后又回到货币资金形态。其中：①在企业的物资采购供应过程中，企业以购买者的身份在市场上购置其生产经营所必需的房屋、建筑物、设备、原材料等生产资料，并与供货单位发生购货款的结算关系；同时，还会发生和支付各种外购物资的采购费用（包括外购物资过程中发生的运输费、装卸搬运费、运输途中的合理耗费、入库前的挑选整理费等），并需要计算和确定物资的采购成本。通过财产物资的供应过程，企业的资金形态由货币资金转化为储备资金或直接转化为生产资金等，即一方面通过固定资产投资，购建房屋和建筑物、机器设备等，使货币资金转化为固定资产；另一方面使用货币资金购入原材料、燃料等，使货币资金转化为流动资产。此外，企业还可以用货币资金、实物或无形资产方式向其他单位投资，从而形成长期股权投资和其他各种金融资产（包括交易性金融资产、持有至到期投资、应收款项及贷款、可供出售金融资产等）。②在企业的产品生产过程中，一方面，企业职工借助劳动手段（固定资产、低值易耗品）对劳动对象（原材料、外购配件等）进行加工，制造出能够满足社会需要的各种产品；另一方面，企业必然会发生各种材料费用、人工费用、固定资产折旧费用和修理费用以及其他费用等。各种生产耗费的货币表现就是产品等有关对象的生产成本。产品成本是在产品生产过程中的资金耗费。为了计算产品的生产成本，需要按照一定的成本计算方法，通过各种生产费用的归集和分配，确定一定种类和数量完工产品的总成本和单位成本。通过产品的生产过程，企业的资金形态由储备资金转化为生产资金；并随着产品的完工入库，生产资金（未完工产品资金）又转化为产成品资金。可见，企业所耗费的固定资产、材料，以及用于支付职工薪酬的资金等，首先转化为未完工产品资金；并随着产品加工完工入库，未完工产品资金再转化为产成品资金。③在企业的商品销售过程中，企业将商品销售给购买者，并与其发生销货款的结算关系；同时，还会发生和支付各种商品销售费用，如包装费、装卸搬运费、广告费、专设销售机构的经费等。通过商品的销售过程，企业的资金形态由产成品资金转化为货币资金（或应收账款）。企业出售商品并取得商品销售收入，实现了商品的价值，不仅可以补偿商品成本，还可以实现企业的利润。

这种从货币资金开始，经过若干阶段，又回到货币资金形态的过程，叫做资金循环。企业资金周而复始不断重复的循环，叫做资金周转。资金的循环与周转体现着资金运动的形态变化。

（三）资金分配与退出

企业商品销售过程结束后，不仅需要及时收回销货款，而且还需要计算盈亏、依法向国家缴纳各种税金、对税后利润进行分配等。企业取得的商品销售收入或提供劳务的收入，首先应该用以补偿各种商品经营成本，并按有关税法规定缴纳各种流转税，其剩余部分与投资收益之和构成企业的营业利润。营业利润加上营业外收入，减去营业外支出，就构成企业的利润总额。对于企业实现的利润总额，首先还应该按国家或政府所得税法的规定，计算并缴纳企业所得税；然后，企业应该按规定提取盈余公积金，作为资本积累，用于扩大其经营规模或开发新产品、新市场等；最后，根据董事会、股东大会或其他企业类似权力机构的决定，将税后利润的一部分分配给投资者。此外，企业从经营中收回的货币资金，还要按计划向债权人还本付息。用以分配给投资者的利润和向债权人还本付息的资金，就从企业资金运动过程中退出。

上述企业资金运动过程如图 2－1 所示。

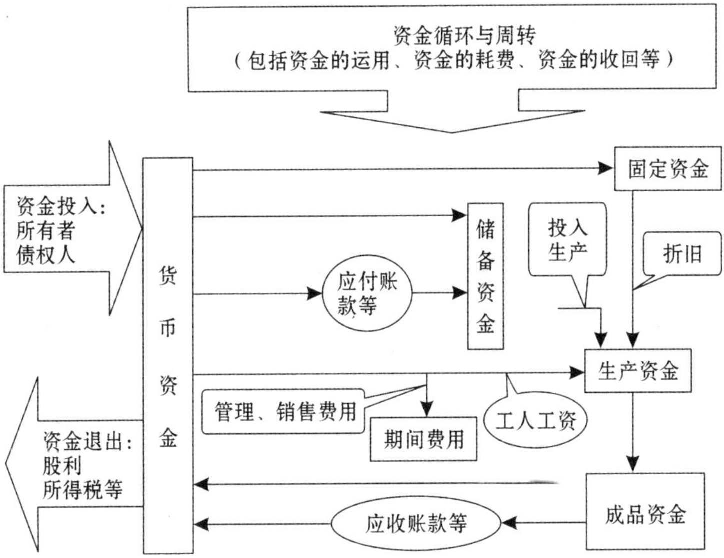

图 2－1　制造企业的资金运动过程图

图 2－1 具体表明了制造企业的会计对象，即制造企业在生产过程当中的资金运动，其中包括资金的投入、资金的循环与周转、资金的退出三部分。

商业企业的会计对象（商业企业的资金运动）比较简单，

也包括资金投入、资金使用（包括商品采购过程、商品库存过程、商品销售过程）和资金退出三个方面。

二、会计要素的内容及其分类

根据我国《企业会计准则》的规定，会计要素包括资产、负债、所有者权益、收入、费用和利润。这六大会计要素又可以划分为两大类：反映财务状况的会计要素（静态会计要素），即资产、负债和所有者权益；反映经营成果的会计要素（动态会计要素），即收入、费用和利润。

（一）反映财务状况的静态会计要素

财务状况是指企业一定时期的资产及权益情况，是资金运动相对静止状态时的表现。反映财务状况的会计要素包括资产、负债和所有者权益三项。

1. 资产

资产是指过去的交易或事项形成的，并由企业拥有或控制的，预期在未来会给企业带来经济利益的经济资源。资产具有以下几个基本特征：

（1）资产是由企业过去的交易或事项形成的，是现实的资产。企业未来的交易或事项以及未发生的交易或事项可能形成的资源，不属于资产。

（2）资产是由企业所拥有或控制的。它必须为一定的会计主体所拥有或控制。

（3）资产预期能直接或间接给企业带来经济利益（即流入现金或现金等价物）。从本质上讲，资产是一种经济资源，具有交换价值和使用价值，具有直接或间接地增加现金或现金等价物流入企业的潜力，预期能为企业带来经济利益。

此外，资产还有一个特点，那就是可以用货币加以计量

（1998 年以前，我国企业会计准则和会计制度还强调资产“可靠计量性”的特点）。

企业的资产按其流动性可分为流动资产和长期资产（亦称为非流动资产）。流动资产是指企业可以在 1 年内或者超过 1 年的一个营业周期内变现或耗用的资产，如库存现金、银行存款、交易性金融资产、应收账款、应收票据、应收利息、应收股利、存货（材料采购、原材料、库存商品、发出商品）等。长期资产是指企业在 1 年以上或超过一个营业周期内变现或耗用的资产，如长期金融资产（持有至到期投资、可供出售金融资产、长期股权投资）、固定资产（机器、设备、建筑物）、无形资产（专利权、商标）、商誉和其他长期资产。

2. 负债

负债是指由企业过去的交易或事项形成的、预期会导致经济利益流出企业的现时义务。现时义务是指企业在现行条件下已承担的义务。未来发生的交易或事项可能形成的义务，不属于现时义务，不应当确认为负债。企业确认的负债必须是由过去的交易或事项形成的，需要企业在未来一定期间内用资产或提供劳务的方式偿还的债务。负债具有以下几个基本特征：

（1）负债是由过去的交易或事项形成的。

（2）负债是企业承担的现时义务（即现已承担的义务）。如：已借入的款项、已赊购形成的负责。

（3）清偿负债时，预期会导致经济利益流出企业。具体表现为交付资产、提供劳务、债转股等。能够回避的义务不能确认为企业的负债。

企业的负债按其偿还期可分为流动负债（偿还期不超过一年）和长期负债（偿还期超过一年）两种。短期借款、应付账款、应付票据、预收账款、应交税费、应付职工薪酬、应付股利、应付利息、其他应付款等都属于流动负债。长期负债包括长期借款、应付债券、长期应付款等。

3. 所有者权益

所有者权益是指所有者在企业资产中享有的经济利益（剩余权益），其金额为资产减去负债后的余额。所有者权益具有以下几个特征：

（1）它是投资者对企业净资产的所有权。其计算公式为：

$$所有者权益 = 资产 - 负债$$

（2）投资者有权按投资比例分享企业利润。

（3）投资者享有直接或委托他人管理企业的法定权利。

在内容上，企业的所有者权益包括实收资本（或股本）、资本公积、盈余公积和未分配利润等。

实收资本是投资者根据章程或合同约定直接投入企业的资本金。

资本公积是指直接计入所有者权益的利得和损失，即不应计入当期损益、会导致所有者权益发生增减变动的、与所有者投入资本或者向所有者分配利润无关的利得和损失。其中，利得是指由企业非日常活动所形成的、会导致所有者权益增加的、与所有者投入资本无关的经济利益的流入；损失是指由企业非日常活动所发生的、会导致所有者权益减少的、与所有者分配利润无关的经济利益的流出。因此，资本公积是由投资者投入、其他人投入或其他方式形成的，所有权属于业主整体，但不构成实收资本的那部分资本或者资产。

盈余公积是企业按规定比例从实现的利润中留存企业作为资本积累的部分（即由收益形成的内部积累）。

未分配利润是企业已经实现但留待以后年度分配的利润。盈余公积和未分配利润合称为留存收益。

所有者权益与负债（债权人权益）不同，其区别主要在于：

(1) 是否偿还不同。对于企业来说，后者需要按期偿还；前者一般不需要归还。

(2) 享有权利不同。对于所有者或债权人来说，后者（债权人）只有按期收回本息权；前者（企业所有者）具有参与利润分配和企业经营管理的双重权利。

(3) 企业清算时求偿权不同。后者（债权人）拥有优先求偿权；前者（企业所有者）则没有优先求偿权。

资产、负债、所有者权益构成了企业的资产负债表，所以这三个会计要素也称为资产负债表要素。

(二) 反映经营成果的动态会计要素

经营成果是企业在一定时期内从事生产经营活动所取得的最终成果。反映经营成果的会计要素有收入、费用、利润三项。

1. 收入

收入是指企业在销售商品、提供劳务及让渡资产使用权等日常活动中所形成的经济利益的总流入，如主营业务收入和其他业务收入（或附营业务收入）。我国现行企业会计准则将“收入”要素定义为经常性收入，不包括为第三方（或客户）代收的款项（应列入负债）、处置固定资产净收益（应列入营业外收入）和出售无形资产所得（应列入营业外收入）等，“营业外收入”是作为“利润”要素下面的二级概念来定义的。收入的特征包括：

(1) 收入是从企业日常活动中产生的，而不是从偶发的交易或事项中获得的。

(2) 收入可增加资产或减少负债（如以销售的产品抵债），或二者兼而有之。

(3) 收入可增加利润，从而增加所有者权益。

(4) 收入仅指属于本企业经济利益的流入，不包括代收款项等。

从理论上讲，收入的概念包括广义收入和狭义收入两种。广义收入包括企业的主营业务收入、其他业务收入、投资收益、补贴收入和营业外收入等；狭义收入仅指企业的主营业务收入、其他业务收入和投资收益等（我国《企业会计准则》采用的是狭义收入概念）。

主营业务收入是指企业商品销售收入（如汽车制造企业销售汽车收入）等从为完成其经营目标所从事的经常性活动中取得的收入。工业企业制造并销售产品、商业企业销售商品、保险公司签发保单、咨询公司提供咨询服务、软件企业为客户开发软件、安装公司提供安装服务、商业银行对外贷款、租赁公司出租资产等，均属于企业为完成其经营目标所从事的经常性活动，由此产生的经济利益的总流入构成企业的主营业务收入。

其他业务收入是指企业发生的其他附营业务所产生的收入（如汽车制造企业销售积压材料收入）等。工业企业转让无形资产使用权、出售原材料、对外投资（收取的利息收入、股利收入）等，属于与经常性活动相关的其他活动，由此产生的经济利益的总流入构成企业的其他业务收入。

主营业务收入和其他业务收入统称营业收入。但是，根据我国《企业会计准则》的规定，工业企业处置固定资产、无形资产等活动，不是企业为完成其经营目标所从事的经常性活动，也不属于与经常性活动相关的其他活动，由此产生的经济利益的总流入不构成收入，应当确认为营业外收入。

2. **费用**

费用是指企业在生产商品、提供劳务等日常经营活动中发生的经济利益的流出。费用包括期间费用（包括计入当期损益的管理费用、财务费用、销售费用）和成本（包括应该计入产品成本的直接材料费、直接人工费、制造费）。费用的特征包括：

（1）费用是在过去的交易或事项中产生的，耗费已发生

（应负担）或已成为事实（已支付款项）。

（2）费用会引起资产减少或负债增加（如预提费用），或二者兼而有之。

（3）由于费用会减少利润，因而最终会减少所有者权益。

从理论上讲，费用概念包括广义的费用和狭义的费用两种。广义的费用包括企业的主营业务成本、主营业务税金及附加、其他业务支出、期间费用（销售费用、管理费用、财务费用）、投资损失、营业外支出和所得税费用等；狭义的费用仅指企业的主营业务成本、主营业务税金及附加、其他业务支出和期间费用（销售费用、管理费用、财务费用）及投资损失。我国《企业会计准则》采用的是狭义费用概念。因此，“费用”要素不包括处置固定资产净损失（应列入营业外支出）、自然灾害损失（应列入营业外支出）、投资损失（应直接作为投资收益的减项）。

3. **利润**

利润是指企业在一定会计期间的经营成果，包括收入减去费用后的净额、直接计入当期利润的利得和损失等。这里所指的利得是指应当计入当期损益、会导致所有者权益增加、与所有者投入资本无关的经济利益的流入。这里所指的损失是指应当计入当期损益、会导致所有者权益减少、与向所有者分配利润无关的经济利益的流出。利润包括营业利润、利润总额和净利润。

营业利润＝营业收入－（营业成本＋营业税金及附加＋销售费用＋管理费用＋财务费用＋资产减值损失）＋公允价值变动损益＋投资收益

利润总额＝营业利润＋营业外收入－营业外支出

净利润＝利润总额－所得税费用

收入、费用和利润三要素构成了利润表，所以这三个会计要素也称为利润表要素。

第二节　会计等式

会计等式（也称会计平衡公式或会计恒等式）是运用数学方程的原理描述会计要素之间数量关系的数学表达式。会计等式反映了六大会计要素之间的关系，是复式记账法和编制资产负债表的理论依据。

一、静态和动态会计等式

资产负债表是会计等式要素的一个正式表达，这些要素是资产、负债和所有者权益。会计等式包括静态会计等式和动态会计等式两种。

（一）静态会计等式

静态会计等式是由静态会计要素组合而成的表明企业某一特定时点财务状况的等式，即：

$$资产=负债+所有者权益$$

如华景零售店 2008 年 10 月 31 日的资产负债表（如表 2－1 所示）：

表 2-1　华景零售店资产负债表

2008 年 10 月 31 日　　　　　　　　　　　　　　　　单位：元

资　产		负　债	
银行存款	55 000	应付账款	10 000
应收账款	22 000	应付票据	200 000
固定资产	642 000	应付职工薪酬	4 000
其中：建筑物	610 000	长期借款	400 000
办公设备	32 000	负债总额	614 000
无形资产	60 000	所有者权益	
其中：土地使用权	60 000	实收资本	165 000
资产总额	779 000	负债与所有者权益合计	779 000

该表显示 2008 年 10 月末华景零售店的会计静态等式为：

资产 = 负债 + 所有者权益

779 000 = 614 000 + 165 000

若将等式中的负债项目移到等式的左边，则该会计等式显示所有者权益是一种投资者对企业资产总额的剩余权益（要求权），即：

资产 － 负债 ＝ 所有者权益

779 000 － 614 000 ＝ 165 000

静态会计等式表明：① 对企业资金可以从两个不同侧面（资金来源渠道与资金存在形态）予以观察；②以货币计量时，会计等式双方数额相等；③资产会随负债、所有者权益增减而呈正相关变化。资产会随着负债或所有者权益的增加而增加，随着负债或所有者权益的减少而减少。

（二）动态会计等式

动态会计等式是由动态会计要素组合而成的反映企业一定会计期间经营成果的等式，即：

收入－费用＝利润

这里的收入概念是指广义的收入（包括利得），这里的费用概念是指广义的费用（包括损失）。

动态会计等式表明：①利润的实质是实现的收入减去相关费用以后的差额。收入大于费用时为利润，收入小于费用时为亏损。②利润会随着收入的增减呈正相关变化。③利润会随着费用的增减呈负相关变化。

由静态会计等式和动态会计等式还可得到综合（扩展）会计等式。综合会计等式是由静态会计等式和动态会计等式综合而成的全面反映企业的财务状况和经营成果的等式，即：

资产＝负债＋所有者权益＋（收入－费用）

或：资产＋费用＝负债＋所有者权益＋收入

二、企业经济业务或会计事项对会计等式的影响

企业发生的每一项经济业务或会计事项（如从经销商处购买办公设备、向银行借入资金、发生应付职工薪酬等），都可能影响会计等式要素，从而影响企业的财务状况和经营成果，并且必须被记录下来。

每一项经济业务或会计事项，无论怎样简单或复杂，都能根据它对这三种要素中的一个或多个的影响加以陈述说明。

下面，我们根据企业连续发生的八种常见业务，举例说明它们对会计等式的影响。虽然经济业务会影响一个或多个会计等式要素，但是每一项经济业务发生后，总资产仍然等于总负债与所有者权益之和（即都保持了会计等式的平衡性和资产负债表的平衡性）。

（一）所有者投资业务

【例2－1】罗生决定在其家乡吉安市开办一家管理咨询事务所，他利用250 000元的个人投入资金开始运营，并以新注册登记号“吉安管理咨询事务所”（简称JAMCO）的名义存入一个银行账户中。

这项投资业务发生后，银行存款（资产）增加了250 000元。由于资金来自所有者，所有者权益（记录为“实收资本——罗生”）增加了250 000元（此时，企业没有负债）。

资产	＝ 负债 ＋	所有者权益
银行存款		实收资本——罗生
＋250 000		＋250 000

记录该项业务后，企业第一张资产负债表如表 2 - 2 所示（出于简化，我们省略了报表日期）：

表 2 - 2　吉安管理咨询事务所资产负债表

单位：元

资　产		负　债	
银行存款	250 000		
		所有者权益	
		实收资本——罗生	250 000
资产总额	250 000	负债和所有者权益总额	250 000

（二）现购资产业务

【例 2 - 2】 JAMCO 发现一处适合办公的场所，并购买这块房地产，协议价格为 170 000 元（其中土地 50 000 元、建筑物 120 000 元）。JAMCO 签发一张 170 000 元的支票，完全支付该笔交易货款。

该笔业务发生后，银行存款减少了 170 000 元，无形资产（土地使用权）增加了 50 000 元，固定资产（建筑物）增加了 120 000 元。

资产			= 负债 + 所有者权益
银行存款	无形资产	固定资产	
- 170 000	+ 50 000	+ 120 000	

该笔业务改变了企业资产的结构，但是资产总额依然

不变。

记录该笔业务之后，资产负债表如表 2－3 所示：

表 2－3　吉安管理咨询事务所资产负债表

单位：元

资　产		负　债	
银行存款	80 000		
固定资产（建筑物）	120 000	所有者权益	
无形资产（土地使用权）	50 000	实收资本——罗生	250 000
资产总额	250 000	负债和所有者权益总额	250 000

（三）购买资产并发生负债的业务

【例 2－3】JAMCO 从一个清算企业买到一些已用过的办公设备，该项设备的成本为 100 000 元。JAMCO 承诺在 1 周内支付 20 000 元，余额 80 000 元在 120 天内支付。

该笔业务发生后，固定资产（办公设备）增加了 100 000 元。应付账款负债增加了 100 000 元。

资产　＝　负债　＋　所有者权益

固定资产　　应付账款

＋100 000　　＋100 000

记录该项业务之后，资产负债表如表 2－4 所示：

表 2－4　吉安管理咨询事务所资产负债表

单位：元

资　产		负　债	
银行存款	80 000	应付账款	100 000
固定资产	220 000		
其中：办公设备	100 000	所有者权益	
建筑物	120 000	实收资本——罗生	250 000
无形资产（土地使用权）	50 000		
资产总额	350 000	负债和所有者权益总额	350 000

（四）现售资产业务

【例 2－4】 JAMCO 发现外购的土地超过企业运作的需要，因此分割这块土地后将不需用的部分（总面积的 40%）以成本价格 20 000 元售出（50 000 × 40%），并将收取的土地转让款存入银行。

该笔业务发生后，银行存款增加了 20 000 元，无形资产（土地使用权）减少了 20 000 元。

资产		= 负债 + 所有者权益
银行存款	无形资产（土地）	
+20 000	−20 000	

记录该笔业务之后，资产负债表如表 2－5 所示：

表2－5　吉安管理咨询事务所资产负债表

单位：元

资　产		负　债	
银行存款	100 000	应付账款	100 000
固定资产	220 000		
其中：办公设备	100 000	所有者权益	
建筑物	120 000	实收资本——罗生	250 000
无形资产（土地使用权）	30 000		
资产总额	350 000	负债和所有者权益总额	350 000

（五）赊销资产业务

【例2－5】 JAMCO发现，企业已经不需要原外购办公设备中的摄影机和显示系统，于是决定卖掉它。这个视频设备花费30 000元，在旧设备市场上这个视频设备价值为35 000元。但JAMCO以成本价出售该视频系统给本市公共事务公司，买者同意5天内支付货款的一半，90天内支付余款。

这笔业务发生后，应收账款资产增加了30 000元，固定资产（办公设备）减少了30 000元。

资产		= 负债 + 所有者权益
应收账款	固定资产（办公设备）	
+30 000	-30 000	

记录该笔业务之后，资产负债表如表2－6所示：

表 2－6　吉安管理咨询事务所资产负债表

单位：元

资　产		负　债	
银行存款	100 000	应付账款	100 000
应收账款	30 000		
固定资产	190 000		
其中：办公设备	70 000	所有者权益	
建筑物	120 000	实收资本——罗生	250 000
无形资产（土地使用权）	30 000		
资产总额	350 000	负债和所有者权益总额	350 000

（六）收取应收款项业务

【例 2－6】JAMCO 按协议从购买视频系统的公共事务公司收取一张 15 000 元的支票。

该笔业务发生后，银行存款增加了 15 000 元，应收账款减少了 15 000 元。

资产		= 负债 + 所有者权益
银行存款	应收账款	
+15 000	－15 000	

记录该项业务之后，资产负债表如表 2－7 所示：

表 2－7　吉安管理咨询事务所资产负债表

单位：元

资　产		负　债	
银行存款	115 000	应付账款	100 000
应收账款	15 000		
固定资产	190 000		
其中：办公设备	70 000	所有者权益	
建筑物	120 000	实收资本——罗生	250 000
无形资产（土地使用权）	30 000		
资产总额	350 000	负债和所有者权益总额	350 000

（七）偿还负债业务

【例 2－7】 JAMCO 按照承诺支付了第一笔业务外购办公设备中的欠款 20 000 元。

这笔业务发生后，银行存款减少了 20 000 元，应付账款减少了 20 000 元。

资产	=	负债	+	所有者权益
银行存款		应付账款		
－20 000		－20 000		

记录该笔业务之后，资产负债表如表 2－8 所示：

表 2-8　吉安管理咨询事务所资产负债表

单位：元

资　产		负　债	
银行存款	95 000	应付账款	80 000
应收账款	15 000		
固定资产	190 000		
其中：办公设备	70 000	所有者权益	
建筑物	120 000	实收资本——罗生	250 000
无形资产（土地使用权）	30 000		
资产总额	330 000	负债和所有者权益总额	330 000

（八）所有者收回资本金业务

【例 2-8】 罗生从 JAMCO 的银行账户中抽回资本金10 000元用于个人消费。

这笔业务发生后，银行存款和所有者权益双方以相等的金额（10 000 元）减少。

资产	=	负债	+	所有者权益
银行存款				实收资本
-10 000				-10 000

记录该笔业务之后，资产负债表如表 2-9 所示：

表 2－9　吉安管理咨询事务所资产负债表

单位：元

资　产		负　债	
银行存款	85 000	应付账款	80 000
应收账款	15 000		
固定资产	190 000		
其中：办公设备	70 000	所有者权益	
建筑物	120 000	实收资本——罗生	240 000
无形资产（土地使用权）	30 000		
资产总额	320 000	负债和所有者权益总额	320 000

表 2－10 总结了上述讨论的八笔业务，它进一步强调资产负债表是会计等式的详细说明。它清晰地表明：发生每笔业务后，总资产仍然等于总负债与所有者权益之和，这种相等关系始终不变。表 2－10 底部的总额与 JAMCO 最后一张资产负债表（表 2－9）一致。

表 2－10　吉安管理咨询事务所业务的概要性分析

单位：元

		资　产					负　债	所有者权益
序号	业务描述	银行存款	应收账款	办公设备	建筑物	土地	应付账款	实收资本——罗生
	期初余额	0	0	0	0	0	0	0
1	所有者现金投资	+250 000						+250 000

（续上表）

		资产					负债	所有者权益
序号	业务描述	银行存款	应收账款	办公设备	建筑物	土地	应付账款	实收资本——罗生
2	现购土地和建筑物	-170 000			+120 000	+50 000		
3	赊购办公设备			+100 000			+100 000	
4	以成本价现销土地	+20 000				-20 000		
5	以成本价赊销办公设备		+30 000	-30 000				
6	收取赊销款	+15 000	-15 000					
7	支付赊购款	-20 000					-20 000	
8	所有者现金抽回资本	-10 000						-10 000
	期末余额	85 000	15 000	70 000	120 000	30 000	80 000	240 000
	总额	320 000					80 000	240 000

第三节　借贷记账法

记账方法是指在经济业务发生后，如何将其记录在有关账户中的方法。按记录方式的不同，记账方法分为以下两种：单式记账法和复式记账法。

单式记账法是对每一笔经济业务所引起的资金（会计要素）增减变化，只在一个账户中孤立地进行登记的方法。它是一种简单的、不完整的记账方法。其缺点为：①不能全面、系统地反映经济业务所引起的资金的来龙去脉；②不便于检查账户记录的正确性和完整性。

复式记账法是对会计主体发生的每一笔经济业务，以相等的金额在相互联系的两个（或两个以上）账户中进行登记的一种专门方法。其特点为：①需要设置完整的账户体系；②必须对每一笔经济业务都进行记录；③对每一笔经济业务都要反映其来龙去脉；④可以对一定时期所发生的全部经济业务的会计记录进行全面的综合试算。其优点为：①可以了解每一笔经济业务所引起的资金运动的来龙去脉；②可以通过账户记录，完整、系统地反映经济活动的过程和结果；③对记录的结果可以进行试算平衡，因此可以检查账户记录的正确性和完整性。复式记账法是以资金平衡理论为依据建立的一种记账方法。在历史上，曾出现过三种复式记账方法，即借贷记账法、收付记账法和增减记账法。其中，借贷记账法（Debit/Credit Double Entry Book-keeping System）是以“借”和“贷”为记账符号记录经济业务的一种复式记账方法。收付记账法是以“收”和“付”为记账符号的一种复式记账方法。在历史上，曾出现过三种收付记账法，即财产收付记账法（即钱物收付记账法）、现金收付记账法、资金收付记账法。增减记账法是以“增”和“减”为记账符号的一种复式记账方法。下面主要介绍借贷记账法。

一、借贷记账法的产生

借贷记账法在1211年产生于意大利的佛罗伦萨，它是适应当时借贷资本的需要而产生的。13世纪意大利佛罗伦萨等地中海沿岸商业经济逐渐繁荣起来，并带动城市金融业的快速发展，活跃的商业和金融业使意大利北方经济呈现出一派兴旺景象。经济的发展推动了西方会计的进一步发展，从事金融业的经纪人开始以借主和贷主的名字开立资金账户。当时，借贷记账法是一种单式记账法，每一个账户都分为上下两部分，账页上部为借方，反映企业债权的发生和债务的偿还；下部为贷方，反映企业债权的收回和债务的发生（见图2-2）。

张三（借主，债务人）	李四（贷主，债权人）
借方：登记借主张三的借入数	借方：登记贷主李四的收回数
贷方：登记借主张三的归还数	贷方：登记贷主李四的贷出数

图2-2　借贷记账法示例

这时的“借”、“贷”是从借贷资本家的角度出发的，“借”、“贷”分别指的是借主（企业的债务人，其含义为企业借出的去向）和贷主（企业的债权人，其含义为企业贷入的来源）。因此记录对象只限于借主和贷主，不能记录购入的各种财物。从记录的形式、记录的范围和记账符号考察，这种人名账户不可避免地带有许多不足，但是它为复式记账法的产生提供了一个良好的基础。出现人名账户以后，佛罗伦萨人又把主要精力放在如何设置和运用物名账户上，在记录人的债权债务的基础上，将物的增减变化也纳入了记录范围，从而拓宽了会计账簿记录对象的领域，并且使借贷的原义消失，并逐渐转化为一种单纯的记账符号，同时要求对每笔借贷款项分别记入一个账户的借方和另一个账户的贷方。人们称这种记账方法为佛罗伦萨式簿记法（Florentine System of Book-keeping），这是借贷复式簿记的萌芽。

1340年在热那亚也产生了一种独具特色的被后世称为热那亚式簿记（Genoese System of Book-keeping）的簿记法。当地人将每一账页分为左右两方，左边为借方，右边为贷方（即将账户结构设置成左右格式，而不是上下格式），见图 2-3。

借方　张三（借主，债务人）	贷方
记录借主的借入数	记录借主的归还数

借方　李四（贷主，债权人）	贷方
记录贷主的收回数	记录贷主的贷出数

图 2-3　热那亚式簿记

这种左右对照的账户形式的出现，是会计管理的要求，是经济发展的必然结果。1434 年威尼斯簿记法的产生使借贷记账法得到进一步的完善，巴尔巴里戈家对于余额账户的设置尤具意义。通过余额账户，所有总账的借方记录和贷方记录的余额得到了统一的汇总反映。借助余额，人们还试图利用贷方余额合计必须等于借方余额合计的原理，进行平衡试算，以验证账目记录的正确性。所以，余额账户实际上就是试算平衡表，是资产负债表的雏形，是体现复式记账思想的财务报表发展的第一阶段。

在我国，1950—1951 年出现了“收付记账法”和“借贷记账法”的辩论，1964—1965 年又出现了“增减记账法”和“借贷记账法”的辩论，其争论的焦点主要集中在具有高度抽象、高度概括的记账符号“借”、“贷”二字上，试图用别的记账符号代替它们。同时，在这场争论中改革了我国旧式“上收下付”的单式记账法（或称为不完善的复式收付记账法），使之成为比较完善的复式“现金收付记账法”；后来，“现金收付记账法”又进一步完善为“资金收付记账法”。并且，人们也在 20 世纪 30 年代的“增减记录法”和复式记账原理的基础上，进一步完善了我国简单易懂的“增减记账法”。20 世纪 80 年代以后，借贷记账法在我国逐渐得以恢复，并在 1992 年颁布的《企业会计准则》中明确规定我国企业会计采用借贷记账法。

二、借贷记账法的基本内容和特征

借贷记账法是以“借”、“贷”为记账符号，运用复式记账原理登记经济业务的一种复式记账方法。借贷记账法的基本内容和特征包括以下几个方面：

（一）记账符号

记账符号是指用来确定将发生的经济业务记入某一账户的特定方向的标志。不同的记账方法有其特有的记账符号。记账符号是记账方法的重要因素，它反映了特定记录方法的关键特征。借贷记账法的记账符号是“借”（debt，简写为Dr）与“贷”（credit，简写为Cr）二字。“借”、“贷”二字最初分别有借出、贷入的实际意义。随着物名账户和资本、费用、收入账户的出现，“借”、“贷”已失去原有意义，仅仅作为符号或标志。

（二）会计恒等式

会计恒等式是设置账户、复式记账和编制财务报表的重要依据，不同记账方法对客观存在的平衡有不同的认识，借贷记账法的平衡公式是：

资产＝负债＋所有者权益

利润＝收入－费用

（三）账户的设置和账户的结构

借贷记账法的账户设置与“平衡公式”存在着内在联系。按照平衡公式左边资产的有关具体项目设置的账户，一般都属于借方余额型账户；按照平衡公式右边负债和权益的有关具体项目设置的账户，一般都属于贷方余额型账户。除此之外，为了核算企业的收益，还要设置损益类账户，包括收入类账户和成本、费用、支出类账户。损益类账户年末一般没有余额，所以称之为虚账户或临时性账户。资产、负债、权益类账户一般都有余额，所以称之为实账户或永久性账户。

在借贷记账法下，人们习惯把账户的左方称为借方，右方称为贷方。可用简化的账户格式表示如下：

借方　　　　（账户名称）　　　　贷方

至于哪方记增加额，哪方记减少额，则要根据账户反映的经济内容来决定：

1. **资产类、成本费用（支出）类账户**

借方　　　　（账户名称）　　　　贷方

期初余额	
+（增加额） +（增加额）	-（减少额或转销额） -（减少额或转销额）
本期发生额	本期发生额
期末余额	

其中：

期末借方余额 = 期初借方余额 + 本期借方发生额 - 本期贷方发生额

除“生产成本”账户（期末余额为“在产品”）外，成本费用（支出）类账户一般没有期末余额。

2. **负债类、所有者权益类、收益（收入）类账户**

借方　　（账户名称）	贷方
	期初余额
-（减少额或转销额） -（减少额或转销额）	+（增加额） +（增加额）
本期发生额	本期发生额
	期末余额

其中：

期末贷方余额 = 期初贷方余额 + 本期贷方发生额 - 本期借方发生额

除“本年利润”账户外，收益（收入）类账户一般没有期末余额。平时，“本年利润”账户的贷余，表示实现的利润总额；“本年利润”账户的借余，表示发生的亏损总额。年终，“本年利润”账户的余额应转入“利润分配——未分配利润”账户，结转后也无余额。

3. **双重性质的账户**

双重性质的账户是指具有资产和负债双重性质的账户。对于双重性质的账户（如“清算资金往来”账户）的借方，登记资产的增加额、负债的减少额；对于其贷方，登记资产的减少额、负债的增加额。

借方	（账户名称）　　　贷方
期初余额	（或期初余额）
资产的增加额 负债的减少额	资产的减少额 负债的增加额
本期发生额	本期发生额
期末余额	（或期末余额）

将上面关于借贷记账法账户结构的阐述总结如表 2－11 所示：

表 2－11　借贷记账法账户结构

账户分类＼记账方向		借　方	贷　方
资产类		+	−
负债类		−	+
所有者权益类		−	+
成本类		+	−
损益类	费用（支出）类	+	−
	收益（收入）类	−	+

企业经济业务的发生，无论多么复杂，不外乎资产、负债、所有者权益、收入、费用、利润的增减变化。在这些变化中，哪方记增加额，哪方记减少额，是有一定规律可循的。

“借”、“贷”与增减不完全相同，究竟什么时候记入账户的借方，什么时候记入账户的贷方，取决于会计要素的性质。一般来说，凡引起资产增加时，应记入资产的借方；相反，凡引起资产减少时，应记入资产的贷方。凡引起负债或权益增加时，应记入负债或权益账户的贷方；相反，凡引起负债或权益减少时，应记入负债或权益的借方。由于收益的增减为权益的增减，所以收入账户借、贷与权益账户借、贷是一致的；由于费用的增减为权益的减增，所以费用账户借、贷与权益账户借、贷相反，而与资产账户的借、贷是一致的。

（四）记账规则

记账规则是各种记账方法的方法体系的有机组成要素。记账规则规范了各种记账方法记录经济业务的规则与要求，也是事后检查记账、算账是否正确的依据。

借贷记账法的记账规则为“有借必有贷，借贷必相等”。运用借贷记账法记账时，应注意三个要点：明确经济业务涉及的会计科目、确定各会计科目应记入的方向、确定应记入各账户的金额。

归纳起来，可以将企业经济业务划分为九大类：①资产内部一增一减；②负债内部一增一减；③所有者权益内部一增一减；④负债与资产同增；⑤资产与所有者权益同增；⑥资产与负债同减；⑦资产与所有者权益同减；⑧增加所有者权益减少负债；⑨增加负债减少所有者权益（见图2－4）。

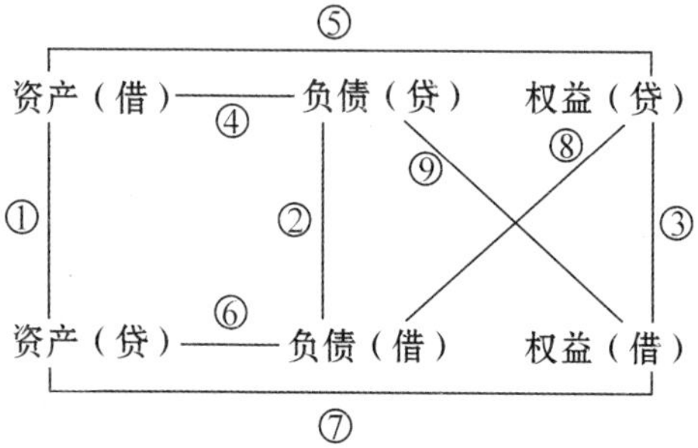

图2－4

下面以制造企业为例，说明借贷记账法记账规则的运用：

【例 2 –9】企业收到投资者现金 20 000 元。

此经济业务一方面引起企业现金增加 20 000 元，同时，引起实收资本增加 20 000 元，即资产与权益同时增加。现金增加表示资产增加，应记入“现金”账户的借方；实收资本增加表示权益增加，应记入“实收资本”账户的贷方。其情形如下：

借　　现金	贷
① 20 000 （资产增加）	

借　　实收资本	贷
	① 20 000 （权益增加）

【例 2 –10】企业以现金 4 000 元购入设备一台。

此经济业务一方面引起现金资产减少 4 000 元，同时引起设备资产增加 4 000 元，即资产内部一增一减。现金减少表示资产减少，应记入“现金”账户的贷方；设备增加表示资产增加，应记入“固定资产”账户借方。其情形如下：

借　　固定资产	贷
② 4 000 （资产增加）	

借　　现金	贷
① 20 000	② 4 000 （资产减少）

【例 2 –11】企业购买材料 8 000 元，货款暂欠，材料已验收入库。

此经济业务一方面引起材料增加，同时引起负债——应付账款增加，即资产与负债同时增加。材料增加表示资产增加，应记入“原材料”账户的借方；应付账款增加表示负债增加，应记入“应付账款”账户的贷方。其情形如下：

原材料

借	贷
③ 8 000 （资产增加）	

应付账款

借	贷
	③ 8 000 （负债增加）

【例 2－12】 企业从银行取得短期借款 5 000 元偿还应付账款。

此经济业务一方面引起短期借款增加，同时引起应付账款减少，即负债内部一增一减。短期借款增加表示负债增加，应记入“短期借款”账户的贷方；应付账款减少表示负债减少，应记入“应付账款”账户的借方。其情形如下：

应付账款

借	贷
④ 5 000 （负债减少）	③ 8 000

短期借款

借	贷
	④ 5 000 （负债增加）

【例 2－13】 企业以现金 3 000 元偿还银行短期借款。

此经济业务一方面引起现金减少，同时引起短期借款减少，即资产与负债同时减少。现金减少表示资产减少，应记入“现金”账户贷方；短期借款减少表示负债减少，应记入“短期借款”账户的借方。其情形如下：

短期借款

借	贷
⑤ 3 000 （负债减少）	④ 5 000

现金

借	贷
① 20 000	② 4 000 ⑤ 3 000 （资产减少）

【例 2－14】 以现金 2 000 元退还某投资者的投入资本。

此经济业务一方面引起现金减少，另一方面引起实收资本减少，即资产与权益同时减少。现金减少表示资产减少，应记入“现金”账户的贷方；实收资本减少表示权益减少，应记入“实收资本”账户的借方。其情形如下：

借　实收资本	贷
⑥ 2 000 （权益减少）	① 20 000

借　现金	贷
① 20 000	② 4 000 ③ 3 000 ⑥ 2 000 （资产减少）

【例 2－15】 企业宣布发放股利 6 000 元。

此经济业务一方面引起应付股利增加，另一方面引起利润分配增加（权益减少），即负债增加，权益减少。应付股利增加表示负债增加，应记入“应付股利”账户的贷方；利润分配增加表示权益的减少，应记入“利润分配”账户的借方。其情形如下：

借　利润分配	贷
⑦ 6 000 （权益减少）	

借　应付股利	贷
	⑦ 6 000 （负债增加）

【例 2－16】 企业将应付债券 3 000 元转化为资本。

此经济业务一方面引起实收资本增加，另一方面引起应付债券减少，即负债减少，权益增加。实收资本增加表示权益增加，应记入“实收资本”账户的贷方；应付债券减少表示负债减少，应记入“应付债券”账户的借方。其情形如下：

借 应付债券	贷
⑧ 3 000 （负债减少）	

借 实收资本	贷
⑥ 2 000	① 20 000 ⑧ 3 000 （权益增加）

【例 2－17】 企业按规定标准提取盈余公积 1 600 元。

此经济业务一方面引起盈余公积增加 1 600 元，另一方面引起利润分配增加 1 600 元，即权益内部一增一减。盈余公积增加表示权益增加，应记入“盈余公积”账户的贷方；利润分配增加表示权益减少，应记入“利润分配”账户的借方。其情形如下：

借 利润分配	贷
⑦ 6 000 ⑨ 1 600 （权益减少）	

借 盈余公积	贷
	⑨ 1 600 （权益增加）

上述九项经济业务，可用综合方式列表如下。

表 2－12

经济业务	资产		= 负债		+ 权益	
	借（+）	贷（－）	借（－）	贷（+）	借（－）	贷（+）
①	20 000					20 000
②	4 000	4 000				
③	8 000			8 000		

（续上表）

经济业务	资产		= 负债		+ 权益	
	借（+）	贷（-）	借（-）	贷（+）	借（-）	贷（+）
④			5 000	5 000		
⑤		3 000	3 000			
⑥		2 000			2 000	
⑦				6 000	6 000	
⑧			3 000			3 000
⑨					1 600	1 600
	32 000	9 000	11 000	19 000	9 600	24 600
23 000 = 8 000 + 15 000						

根据以上九项经济业务的记录情况，我们不难发现，借贷记账法本身存在着这样一个客观规律，即任何一笔经济业务发生记入账户时，都要记入一个账户（或几个账户）的借方，同时，还要记入另一个账户（或几个账户）的贷方。没有一笔经济业务发生只记入账户的借方，不记入账户贷方；也没有只记入账户贷方而不记入账户借方的情况。因此，人们对这一规律用十个字归纳为“有借必有贷，借贷必相等”，这就是借贷记账法的记账规则。借贷记账法的这一记账规则，已成为借贷记账法完整的科学方法体系的一个重要因素。它与借贷记账法的其他内容（平衡公式、记账符号、账户设置和试算平衡等）相互依存、相互制约、相互协调，构成完整、科学的借贷记账法的方法体系。

（五）试算平衡

试算平衡是借贷记账法完整方法体系的又一重要因素。人们在记账过程中不可避免地会出现某些错误。记账的结果是否正确？用什么方法检查？不同的复式记账法在这方面各不相同，借贷记账法试算平衡的方法有两种：

1. 账户本期发生额试算平衡

由于借贷记账法的记账规则是“有借必有贷，借贷必相等”，即每一笔经济业务发生都有借方发生额和贷方发生额，并且借贷金额相等，那么企业在一定时期内无论发生多少笔经济业务，都能保证所有账户的借方发生额的合计数等于所有账户的贷方发生额合计数，这就叫做本期发生额试算平衡。其公式是：

所有账户本期借方发生额合计 = 所有账户本期贷方发生额合计

2. 账户余额试算平衡

借贷记账法的会计平衡式是“资产 = 负债 + 所有者权益”。无论企业发生多少经济业务，这一平衡公式总是平衡的。我们可以从表2－15中发现这一点。由于资产类账户的余额一般在借方，负债类和权益类账户的余额一般在贷方，损益类账户一般无余额，因此，余额试算平衡的公式为：

所有账户借方余额之和 = 所有账户贷方余额之和

或 资产类账户借方余额之和 = 负债、权益类账户贷方余额之和

如果试算平衡成立，则说明有关经济业务在数字计算、账户使用及登记方向等方面基本正确（不一定绝对正确），可据以编制财务报表。如果试算平衡不成立，则说明有关经济业务在数字计算、账户使用或者登记过程中有错误，必须及时查明，并予以更正。

三、借贷记账法的优点

借贷记账法自1905年传入我国，经历了不同发展阶段，逐步得到完善。实践证明，借贷记账法的方法体系严密完整，能够系统、全面地反映经济活动变化情况，是一种比较科学的记账方法。其优点主要有：

1. 记账规则科学

借贷记账法的记账规则用“有借必有贷，借贷必相等”十个字高度概括，言简意赅，含义明确，运用方便。根据“有借必有贷，借贷必相等”的规则进行记账的结果，可以做到时时平衡、处处平衡，即所谓“自动平衡”。而且这种平衡方法简便易行，有利于防止或减少差错，从而保证会计信息的正确性。

2. 对应关系清楚

由于借贷记账法的记账规则是“有借必有贷，借贷必相等”，按照此规则将经济业务记入账户后，能清楚地反映账户之间的对应关系，并能体现出经济活动中价值运动的来龙去脉。

3. 试算平衡简便

每一笔经济业务发生，都是按照一方面记入有关账户的借方，另一方面记入有关账户的贷方，并且借方和贷方以相等金额进行登记的，其结果是所有账户的借方发生额之和必定等于所有账户贷方发生额之和。按照这一平衡原理进行试算，方法简便，且易于发现错误。

除此之外，采用借贷记账法有利于会计电算化的普及和发展；有利于贯彻对外开放政策，引进外资，加强国际经济合作；有利于我国会计与国际会计接轨。

借贷记账法的不足是，对于初学者来说，难以理解资产和费用的增加应记入账户的借方，而负债、权益、收入的增加要记入账户的贷方。

思考题

1. 什么是会计要素？它包括哪些内容？
2. 什么是会计等式？有哪些会计等式？
3. 会计要素与会计等式有什么关系？
4. 资产、负债分别具有哪些基本特征？

第三章　物业管理企业的资金来源

学习目标

通过本章的学习，要求了解、掌握下列内容：

①物业管理企业资金的来源和筹集资金的必要性；

②各种筹资渠道和筹资方式；

③资金的时间价值的概念及其计算方法；

④资金成本的计算方法和资本结构的决策原理。

资金是物业管理企业进行经营活动的必要条件，没有资金的支持，物业管理企业在创建、开展日常经营业务、购置设备等方面都将无法进行。可以说，如何取得资金是资金运动的起点，是决定物业管理企业经营规模和发展程度的重要环节。物业管理企业的资金来源是指企业从外部或内部获取经营所需资金的方式和渠道。通过适当的渠道和采取合适的筹措方式取得所需的资金，充分考虑资金的时间价值和资金成本，是物业管理企业财务管理的重要工作。

第一节　物业管理企业的筹资方式和渠道

一、筹资的动机

物业管理企业筹资的基本目的是维持自身的生存与发展，而每一次具体的筹资活动通常又受到特定动机的驱使。物业管理企业筹资的具体动机可以分为四类：新建筹资动机、扩张筹资动机、调整筹资动机和混合筹资动机。

（一）新建筹资动机

新建筹资动机是物业管理企业在新建时为了满足经营活动所需的铺底资金而产生的筹资动机。企业新建时，一般要按照自身所确定的经营规模核定固定资金和流动资金的需求量，并筹措相应的资本金。这一类筹资行为对物业管理企业的设立有启动作用，是物业管理企业顺利成立的必要保证。

（二）扩张筹资动机

扩张筹资动机是由于物业管理企业扩大经营规模或增加对外

投资而产生的追加筹资动机。物业管理企业在发展过程中，随着经营规模的不断扩大，对资金的需求也会不断地增加，需要不断地筹集资金。一般处于成长时期的物业管理企业通常会产生这种筹资动机。这种筹资行为产生的直接结果往往是扩大了企业的资产总额。

（三）调整筹资动机

调整筹资动机一般是为了解决债务问题而产生的，是物业管理企业在不改变资本总额的情况下为改变原有资本结构而形成的筹资动机。这类筹资的形式有：借新债还旧债、以债转股、以股抵债等。

（四）混合筹资动机

混合筹资动机是物业管理企业既为了扩大经营规模又需要改变原有的资本结构而产生的筹资动机，也叫双重筹资动机。这种筹资动机的结果既能增大企业的资产总额，又能调整企业的资本结构。

二、筹资的渠道

资金的筹集渠道是指企业资金的来源和通道，体现了所筹集资金的性质和特点。目前，物业管理企业的筹资渠道主要有政府财政资金、金融机构资金、其他法人单位资金、居民个人资金、企业自留资金以及外国和港澳台资金六项。

（一）政府财政资金

政府财政资金历来是国有企业最主要的资金来源。虽然近几年部分国有物业管理企业进行了股份制改革，但政府资金投资在国有物业管理企业特别是国有独资公司的各种资金来源中还是占有非常重要的地位，今后仍然会是国有物业管理企业权益资金的重要来源。

（二）金融机构资金

金融机构资金包括银行信贷资金和非银行金融机构资金。

在我国，银行一般分为商业性银行和政策性银行。商业性银行主要有中国工商银行、中国农业银行、中国银行、中国建设银行等；政策性银行有中国国家开发银行、中国农业发展银行、中国进出口信贷银行等。银行信贷资金有个人储蓄、单位存款等较为稳定的资金来源，具有财力雄厚、贷款方式灵活、能适应企业的各种需要、且有利于国家宏观调控等特点。

我国非银行金融机构主要有信用社、保险公司、信托投资公司、证券公司、融资租赁公司、企业集团的财务公司等。非银行金融机构有的经营存贷款业务；有的开展融资融物业务；有的从事证券的承销服务；一些机构还可以将一部分闲置资金向企业投资。非银行金融机构虽然财力比商业性银行小，但在可提供服务方面具有广阔的前景。

金融机构资金是目前企业资金的主要供给渠道之一，但在现实当中，大多数的物业管理企业出于稳健经营的目的，往往不会把金融机构资金作为其主要的资金来源。

（三）其他法人单位资金

其他的企业和事业单位往往有部分暂时闲置的资金，甚至可长时间腾出部分资金，用于企业之间相互融通。它们对物业管理企业投入资金包括投资入股、购买债券及各种商业信用等方式，既有长期稳定的合作，又有短期的资金融通。随着横向经济联合的开展，这类资金对物业管理企业的投入也越来越广泛。

（四）居民个人资金

城乡居民和本企业职工的投资都属于个人资金渠道。物业管理企业可以通过吸收投资、发行股票、发行债券等方式广泛地向社会筹集资金。物业管理企业受业主委托代管的基金也属于个人资金。

（五）企业自留资金

企业自留资金主要指企业通过提取盈余公积金和保留未分配利润而形成的资金。这些经营积累无须通过一定的方式去外部筹集，是物业管理企业经营资金重要的补充来源。至于企业内部的计提折旧，虽然它只是资金的一种转化形态，但也能增加企业的营运资金，满足物业管理企业经营的需要。

（六）外国和港澳台资金

外国以及我国香港、澳门和台湾地区投资者持有的资本，依法可以通过各种形式进行投资，成为物业管理企业特别是外资物业管理企业重要的资金来源。

三、筹资的方式

筹资方式是指企业筹集资金所采取的具体形式。按照不同筹资方式体现的经济关系，筹集的资金可以分为权益资金（自有资金）和负债资金（借入资金）。认识筹资方式的种类及其特点，有利于物业管理企业选择适当的筹资方式，在筹资方式多样化时可以有效地进行筹资组合。物业管理企业资金筹集方式主要有吸收直接投资、发行股票、留存收益、银行借款、发行债券、商业信用、融资租赁和代管基金等，其中前三种方式属于权益资金，后五种方式属于负债资金。

（一）吸收直接投资

吸收直接投资是指企业以协议等形式吸收国家、其他企业、个人和外商等直接投入的资金，形成企业资本金的一种筹资方式。吸收直接投资不以证券为媒介，只适用于非股份制企业。我国大量的物业管理企业都是非股份制企业，吸收直接投资是它们筹集权益资本的基本方式。

1. 吸收直接投资的形式

吸收直接投资主要有以下几种形式：

（1）吸收货币投资。

吸收货币资金是物业管理企业吸收直接投资最为主要的形式之一。企业有了货币资金，可以用于购买生产资料，支付各种费用，在使用上有很大的灵活性，因此，物业管理企业应尽可能地争取投资者采用现金方式投资，这有利于企业快速地进入正常的经营活动。

（2）吸收实物投资。

实物投资是指投资者以房屋、建筑物、设备等固定资产和材料、商品等流动资产作价所进行的投资。投资实物的价格可以由资产评估机构评估确认，也可以由出资各方协商确定。

（3）吸收无形资产投资。

投资者可以用专利权、商标权、商誉、非专利技术和土地使用权等无形资产作价进行投资。与实物投资一样，无形资产投资可以按评估确认或以合同、协议约定的金额计价。

2. 吸收直接投资的优缺点

（1）吸收直接投资的优点主要有：

①能够增强企业信誉。吸收直接投资属于企业自有资金，与借入资金相比，它能够提高企业的信誉和借款能力。

②能够更快地形成生产经营能力。吸收直接投资不仅能够直接取得现金，还能够直接获得各种生产资料和设备、技术，与仅

筹得现金的筹资方式相比，它能够更快地提高生产经营能力。

③财务风险低。吸收直接投资可以根据企业经营状况的好坏来决定向投资者支付报酬，不像发行股票和债券那样有支付稳定股利和利息的财务压力。

（2）吸收直接投资的缺点主要有：

①资金成本高。由于缺乏比较严格的利润分配规范，当企业经营状况好、获利较多时，投资者往往要求将大部分盈利进行利润分配。

②产权不够清晰。吸收直接投资由于缺乏像证券那样有效而清晰的凭证，产权关系有时不够明确、清晰，不便于进行有关产权的交易。

（二）发行股票

股票是股份有限公司为了筹集自有资金而发行的一种有价证券，是持股人拥有公司股份和所有权的凭证。持有公司股份的股东作为出资人按其投入公司的资本份额享有所有者的资产收益、公司重大决策和选择管理者的权利，并以其所持股份为限对公司承担责任。发行股票筹资是股份制物业管理企业筹集权益资本的基本方式。

1. 发行股票的分类

股票按照股东的权利和义务，分为普通股股票和优先股股票。

（1）普通股股票。

普通股股票是股份有限公司发行的代表着股东有平等的权利、义务，不加特别限制，股利不固定的股票。普通股股票是最基本的股票，通常情况下股份有限公司只发行普通股股票。

普通股股票在权利和义务方面的特点是：①普通股股东对公司享有经营管理权。②普通股股利分配在优先股之后进行，其多少取决于公司的盈利情况。③公司解散清算后，普通股股东对公司剩余财产的请求权在债权人和优先股股东之后。④公司增发新股时，普通股股东具有认购优先权。

（2）优先股股票。

优先股股票是股份有限公司发行的较普通股有某些优先权利同时也有一定限制的股票。优先股股票的优先权利表现在：①优先获得股利。优先股股利的分发在普通股之前，其股利率是固定的。②优先分配剩余财产。公司解散清算后，优先股股东对公司剩余财产的求偿权在债权人之后而在普通股股东之前。优先股股东虽然有某些优先权利，但他们在股东大会上无表决权，在参与公司经营管理上受到一定的限制，仅对涉及优先股权利的问题有表决权。

2. 发行股票的优缺点

（1）发行股票的优点主要有：

①能提高股份有限公司的信誉。发行股票筹集的资金同样属于企业自有资金，与其他借入资金相比，它能够提高企业的信用程度和负债能力，能够为债权人提供更大的保障。

②不用偿还股本，资金风险小。发行股票筹集的资金是永久性的资金，没有到期日，不必像负债资金那样到期偿还，资金风险相对较小。

③没有固定的股利负担。与发行债券不同，普通股票的股利不是必须发放的，而是公司有盈余时，并认为可以分配股利时才发放的，如果公司盈利少，则可以考虑不发放股利。

（2）发行股票的缺点主要有：

①资金成本高。投资者对股票报酬的预期往往要大于债券，所以要求公司给付的股利比债券的利息要高很多。

②股权比较分散。股东人数较多，投资者比较分散，导致公司的控制权也比较分散。

（三）留存收益

留存收益是指对企业税后利润进行分配而形成的公积金，是企业从内部筹集资金的主要来源。企业的税后利润并不是全部分配给投资者，而是按照规定提取法定盈余公积金，需要时还可以提取任意盈余公积金。法定盈余公积金一般按税后利润（扣除弥补亏损和支付罚款等）的10%提取，当达到注册资金的50%时可不再提取。

盈余公积金可以用于扩充企业资本，既满足了企业对资金的需要，又可以避免从外部筹集资金，符合大部分物业管理企业稳健的资本运作模式，是物业管理企业比较重要的权益资本来源。

（四）银行借款

银行借款是企业根据借款合同向银行或其他金融机构借入的需要还本付息的款项。向银行借款具有筹资速度快、筹资成本低等优点，而且银行等金融机构遍布城乡各地，资金充裕，与企业联系密切，因此成为很多企业经常采用的一种筹资方式。不过对于大多数物业管理企业来讲，其经营特点决定了它一般会尽量避免负债经营，所以很少会采用向银行借款的方式筹集资金。

与其他负债筹资相比，银行借款的特点为：

（1）筹资速度快。银行借款的手续比发行债券简单得多，得到借款所花费的时间也比较短。

（2）相对比较灵活。借款时企业与银行直接接触，有关条件可通过直接谈判确定。用款期如发生变动，也可以和银行再行协商。而债券面对的是广大社会投资者，协商改变筹资条件的可能性较小。

（3）资金成本低。借款利率一般比债券利率要低，而且由于借款属于直接筹资，筹资费用比较少。

（4）银行借款的限制性条款比较多。较多的限制性条款很大程度上制约了生产经营对借款的利用。

（五）发行债券

企业债券是企业依照法定程序发行，约定在一定期限内还本付息的有价证券，是持券人拥有公司债权的证书。持券的债权人可按照约定取得利息、收回本金，但无权参与公司的经营管理，对公司的经营盈亏也不承担责任。

发行债券作为筹集负债资金的一种方式，我国有关法律法规设立了比较严格的条件，并要求报经国务院证券监督管理机构或国务院授权的部门核准。一方面是由于法律法规设定的条件太高，另一方面是由于物业管理企业的经营特点决定了没有实际需要，因此这种筹资方式一般大多数物业管理企业都不会采用。

与其他长期负债相比较，发行债券的突出优点在于筹资对象广、市场大。但是，这种筹资方式成本高、风险大、限制条件多，是其不利的一面。

（六）商业信用

商业信用是在交易活动中吸收利用外部资金的一种行为，是指商品或服务交易以延期付款或预先收款方式进行而形成的借贷关系，是交易双方之间的直接信用行为。和其他企业一样，在物业管理企业的经营过程中存在着大量的商业信用，主要表现为应付账款、应付票据、预收款项等流动负债项目，具有筹资便利、限制条件少、有时无筹资成本等优点，为物业管理企业提供了短暂但又必不可少的营运资金。

1. 商业信用的形式

商业信用的具体形式主要有：

（1）应付账款。

应付账款是企业购买货物或接受服务后暂时未付款而欠对方的账项，即卖方允许买方在购货或接受服务后一定时期内支付款项的一种形式。卖方利用这种方式促销，而对买方来说，延期付款等于向卖方借用资金购进商品，可以满足短期的资金需要。

（2）应付票据。

应付票据是企业进行延期付款商品交易时开具的反映债权债务关系的票据。根据承兑人的不同，应付票据分为商业承兑汇票和银行承兑汇票两种。应付票据可以带息，也可以不带息。应付票据的利率一般比银行的利率低，所以应付票据的筹资成本低于银行借款成本。但是应付票据到期必须归还，如若延期便要交付罚金，因而有一定的风险。

（3）预收账款。

预收账款是卖方企业在交付货物或提供服务之前向买方预先收取部分或全部款项的信用形式。对于卖方来讲，预收账款相当于向买方借用资金后用货物或服务抵偿。预收账款一般用于生产经营周期长、资金需要量大的货物销售或长期服务。

此外，企业往往还存在一些在非商品交易中产生，但也是自发性筹资的应付费用，如应付工资、应交税金、其他应付款等。

2. 商业信用筹资的特点

商业信用筹资最大的优越性在于容易取得。首先，对于多数企业来说，商业信用是一种持续性的信贷形式，且无须正式办理筹资手续。其次，如果没有现金折扣或使用不带息票据，筹资不负担成本。商业信用的缺陷在于期限较短，在放弃现金折扣时付出的成本较高。

（七）融资租赁

融资租赁是由租赁公司按承租单位的要求购买设备，并在契约或合同规定的较长期限内提供给承租单位使用的信用业务。融资租赁的期限一般接近设备的有效使用期，租赁期满后设备的所有权一般转移给承租单位。承租单位采用这种租赁方式的主要目的是为了融通资金。一般借贷的对象是资金，而融资租赁的对象是实物，是融资与融物相结合的借贷活动，是企业筹集长期负债资金的一种特殊方式。

（八）代管基金

代管基金是指物业管理企业接受业主的委托代管的专项用于物业共用部位和共用设施设备大修理的专项维修资金。依据国家有关的财务规定，代管基金作为物业管理企业的长期负债管理，是物业管理企业一种特殊而且非常重要的资金来源。但在资金的使用上，物业管理企业不能像使用其他负债资金一样，而是必须按照国家有关专项维修资金的管理规定，在从事相应的物业大修业务后才能结转为相关收入。

1. 专项维修资金的来源

专项维修资金由业主按照国家有关规定以一定的比例交纳。售房单位代为收取的专项维修资金归全体业主共同所有，不计入房屋销售收入。由物业管理企业代收的专项维修资金同样归业主所有，不得列入物业管理服务收费。

2. 专项维修资金的管理

专项维修资金应当在银行专户存储、专款专用。为了保证专项维修资金的安全，在专项维修资金闲置时，除可用于购买国债或法律法规规定的其他范围外，严禁挪作他用。

专项维修资金的明细账户一般按幢或按户设置，具体办法由房地产行政主管部门制定。专项维修资金的利息转作专项维修资金滚存使用和管理。在业主办理房屋权属登记时，应当将专项维修资金移交给当地的房地产行政主管部门监管。

业主委员会成立前，专项维修资金的使用由售房单位提出使用计划，经当地房地产行政主管部门审核后划拨。业主委员会成立后，专项维修资金的使用由物业管理企业提出年度使用计划，经业主委员会审核后实施。

专项维修资金不足时，经当地房地产行政主管部门或业主委员会研究决定后，可按比例向业主续筹。

物业管理企业发生变换时，代管的专项维修资金账目经业主委员会审核无误后，应当办理账户转移手续，并向当地房地产行政主管部门备案。

物业管理企业应该定期向业主公布代管基金的使用情况，接受业主委员会的检查和监督。

第二节　货币时间价值

一、货币时间价值的概念

一定量的货币资金在不同的时点上是具有不同的价值的，这一点在银行存款上反映得最为直观。如将 100 元存入银行，假设年利率 6%，一年后可以得到 106 元，其中 6 元是这一年中的增加价值。也就是说，从银行取出的 106 元只相当于一年前的 100 元，时间点不同，价值不一样，随着时间的推移，货币的价值在资金周转运用中增加了，也就是增加了时间价值。

一般认为，货币时间价值是货币资金在周转运用中由于时间因素而形成的差额价值，即将资金转化为资本，投入到生产经营中去而带来的增值额。其中最初的货币价值称为现值，最后体现了增值额的货币价值称为终值。

货币时间价值的产生是有条件的。货币资金的持有者必须放弃即时的货币消费，而将资金转化为资本，直接或间接地投入到生产经营中去。然后，货币资金作为生产要素与劳动者相结合，创造出新的价值，从而带来利润，实现增值。货币资金周转运用时间越长，利润率水平越高，所获得的利润就越多，实现的增值额也越大。如果货币资金不能转化为资本并与劳动者相结合，那么货币资金也就不具备时间价值了。

企业的货币资金作为从事生产经营活动的物质条件的货币表现，会由于时间的推移而在周转运用中发生价值上的变化，物业管理企业也不例外。所以，企业作为专门利用资金从事生产经营活动并创造新增价值的经济实体，其每一笔资金都应该充分地考虑货币的时间价值，这才符合现代企业财务管理的基本理念。

货币时间价值可以用相对数表示，也可以用绝对数表示。相对数即时间价值率，是指扣除风险报酬率和通货膨胀后的利率，利率的实质内容是社会平均利润率。绝对数是时间价值额，即资金周转运用后的增值额，是指在没有风险和通货膨胀条件下的社会平均利润。一般利率除了包括货币时间价值因素外，还包括风险报酬和通货膨胀因素，货币时间价值率往往直接采用利率来代表，即假设没有风险和通货膨胀。

二、货币时间价值的计算

（一）单利终值和现值的计算

单利是计算货币时间价值的一种方式，是指一笔货币资金无论期限长短，每期只按照本金计算利息，本金所派生出来的利息不再计入本金计算利息，即本能生利，利不能生利。

1. 单利终值

单利终值是采用单利计息方式，在既定利率下一笔货币资金若干期以后包括本金和利息在内的最后总价值，即本利和。

如现在存 1 元钱，年利率为 10%，经过 3 年，各年年末的单利终值计算如下：

1 年后的单利终值 = 1 ×（1 + 10% × 1）= 1.1（元）

2 年后的单利终值 = 1 ×（1 + 10% × 2）= 1.2（元）

3 年后的单利终值 $=1\times(1+10\%\times3)=1.3$（元）

因此，单利终值的一般计算公式为：

$$FV=PV\times(1+i\times n)=PV+PV\times i\times n=PV+I$$

式中：FV——终值；

PV——现值（某笔货币资金的最初价值，即本金）；

i——利率（利息率，可以年、月、日等为单位）；

n——计息期数（可以年、月、日等为单位）；

I——利息。

【例 3－1】 某物业管理企业现在将 1 000 元存入银行，若年利率为 6%，按单利计算，到第 3 年末能取出多少钱？

解：$FV=PV\times(1+i\times n)$

$=1\ 000\times(1+6\%\times3)$

$=1\ 180$（元）

2. 单利现值

单利现值是在既定利率下，若干期后收到或付出的某笔货币资金按照单利计算，相当于现在的价值，即最初价值。

单利现值的一般计算公式可由单利终值的计算公式导出：

$$PV=FV\div(1+i\times n)$$

式中：PV——现值；

FV——终值（某笔货币资金的最终价值）；

i——利率（利息率，可以年、月、日等为单位）；

n——计息期数（可以年、月、日等为单位）。

【例 3－2】 某物业管理企业将一笔款项存入银行，到第 3 年末取出时为 1 150 元，若年利率为 5%，按单利计算，该企业最初存入了多少钱？

解：$PV = FV \div (1 + i \times n)$

$= 1\,150 \div (1 + 5\% \times 3)$

$= 1\,000$（元）

（二）复利终值和现值的计算

复利是计算货币时间价值的另一种方式，是指某笔货币资金每期除了本金计算利息，本金所派生出来的利息也要计入本金，随同本金一起计算利息，即本能生利，利也能生利。

货币时间价值的计算一般都采用复利方式，因为复利方式更符合现代企业财务管理的基本理念，即包括利息在内的每一笔货币资金都应该充分地考虑其时间价值。

1. 复利终值

复利终值是采用复利计息方式，在既定利率下某笔货币资金若干期以后包括本金和复利利息在内的最后总价值，即本利和。

如现在存 1 元钱，年利率为 10%，经过 3 年，各年年末的复利终值计算如下：

1 年后的复利终值 $= 1 \times (1 + 10\%) = 1.1$（元）

2 年后的复利终值 $= 1.1 \times (1 + 10\%) = 1 \times (1 + 10\%)^2 = 1.21$（元）

3 年后的复利终值 $= 1.21 \times (1 + 10\%) = 1 \times (1 + 10\%)^3 = 1.331$（元）

因此，复利终值的一般计算公式为：

$$FV = PV \times (1 + i)^n$$

其中，$(1 + i)^n$ 称为复利终值系数，其简略表达形式为 $FVIF_{i,n}$，在实际工作中，复利终值系数的数值可以查阅复利终值系数表。相应地，以上公式可以改写为：

$$FV = PV \times FVIF_{i,n}$$

式中：FV——终值；

PV——现值；

i——利率（利息率，可以年、月、日等为单位）；

n——计息期数（可以年、月、日等为单位）；

$(1+i)^n$——复利终值系数；

$FVIF_{i,n}$——复利终值系数的简略表达形式。

【例 3-3】 某物业管理企业将 10 000 元投资于一项目，利率为 8%，投资期为 3 年，请问该项目最终可以连本带利收回多少钱？

解：$FV = PV \times FVIF_{i,n}$

$= 10\ 000 \times FVIF_{8\%,3}$

$= 10\ 000 \times 1.260$

$= 12\ 600$（元）

2. 复利现值

复利现值是指在既定利率下，若干期以后收到或付出的某笔货币资金按照复利计算，相当于现在的价值，即最初价值。由终值求现值通称贴现，在贴现时所用的利息率也叫贴现率。

复利现值的一般计算公式可由复利终值的计算公式导出：

$$PV = FV \times 1/(1+i)^n$$

其中，$1/(1+i)^n$ 称为复利现值系数，其简略表达形式为 $PVIF_{i,n}$，实际工作中，复利现值系数的数值可以查阅复利现值系数表。相应地，以上公式可以改写为：

$$PV = FV \times PVIF_{i,n}$$

式中：PV——现值；

FV——终值；

i——利率（利息率，可以年、月、日等为单位）；

n——计息期数（可以年、月、日等为单位）；

$1/(1+i)^n$——复利现值系数；

$PVIF_{i,n}$——复利现值系数的简略表达形式。

【例3-4】某物业管理企业准备通过投资在3年后得到50 000元，若年利率为9%，那么该企业现在应该投资的金额是多少？

解：$PV = FV \times PVIF_{i,n}$

$= 50\ 000 \times PVIF_{9\%,3}$

$= 50\ 000 \times 0.772$

$= 38\ 600$（元）

（三）年金终值和现值的计算

年金是指一定期限内，每隔一段相同的期间，收入或者付出相等金额的款项。年金的时间价值计算一般也采用复利方式。

年金通常具有以下几个特征：

第一，与前面所讲的一般的单利、复利不同，它不是一次性收付款项，而是连续的多笔收付款项。

第二，其每相邻两次收付款的时间间隔都是相等的。

第三，其每次收付款的金额都是相等的。

第四，其每次收付款的收付方向都是相同的，即每一笔款项都是收入或者都是付出，不存在收付相混、方向相反的情况。

物业管理企业经营活动中采用平均年限法的折旧、租金、利息、保险金、养老金和分期付款赊购、分期支付工程款等通常都采用年金形式。

年金按其收付方式的不同，可以分为后付年金、先付年金、递延年金和永续年金四种，其中递延年金和永续年金在物业管理企业的经济活动中比较少见，相对比较特殊。

1. 后付年金终值和现值的计算

后付年金是指一定时期内每期期末等额收付的系列款项。因为在现实中这种年金最为常见，所以也称为普通年金。

（1）后付年金终值。

后付年金终值是一定时期内每期期末等额系列收付的每一笔款项的复利终值之和。

如每年末存款 1 元钱，年利率为 10%，经过 3 年，年金终值可表示如下（见图 3－1）：

0　　　1 年末　　　2 年末　　　3 年末

|————|————|————|

1 元（A）　1 元（A）　1 元（A）

· →1 ×（1 + 10%）^{0} = 1.000 元

· ————→1 ×（1 + 10%）^{1} = 1.100 元

· ————————→1 ×（1 + 10%）^{2} = 1.210 元

3 年期 1 元年金（A）的终值 = 3.310 元

图 3－1　后付年金终值计算示意图

由图 3－1 可知，后付年金终值的一般计算公式为：

$$V_n = A + A \cdot (1+i) + A \cdot (1+i)^2 + \cdots + A \cdot (1+i)^{(n-1)}$$

以上计算公式可以简化如下：

等式两边同乘（$1+i$），则

$$V_n \cdot (1+i) = [A + A \cdot (1+i) + A \cdot (1+i)^2 + \cdots + A \cdot (1+i)^{(n-1)}] \cdot (1+i)$$

$$V_n + V_n \cdot i = A \cdot (1+i) + A \cdot (1+i)^2 + \cdots + A \cdot (1+i)^{(n-1)} + A \cdot (1+i)^n$$

将两边同乘（$1+i$）的等式减去两边没有同乘（$1+i$）的原

始等式，其中左边减去左边，右边减去右边，则

$$V_n \cdot i = A \cdot (1+i)^n - A$$

$$V_n = [A \cdot (1+i)^n - A] / i$$

即 $$V_n = A \times [(1+i)^n - 1] / i$$

其中，$[(1+i)^n - 1] / i$ 称为年金终值系数，其简略表达形式为 $FVIFA_{i,n}$，实际工作中，年金终值系数的数值可以查阅年金终值系数表。相应地，以上公式可以改写为：

$$V_n = A \times FVIFA_{i,n}$$

式中：V_n——年金终值；

A——年金；

i——利率（利息率，可以年、月、日等为单位）；

n——计息期数（可以年、月、日等为单位）；

$[(1+i)^n - 1] / i$——年金终值系数；

$FVIFA_{i,n}$——年金终值系数的简略表达形式。

【例 3－5】某物业管理企业出租一物业，租期为 5 年，每年年末可取得租金 10 000 元，如果对方选择在第 5 年末一次性付款，在年利率为 8% 的情况下，该企业最后能够收到多少租金？

解：$V_n = A \times FVIFA_{i,n}$

$= 10\ 000 \times FVIFA_{8\%,5}$

$= 10\ 000 \times 5.867$

$= 58\ 670$（元）

（2）后付年金现值。

后付年金现值是一定时期内每期期末等额系列收付的每一笔款项的复利现值之和。

如每年年末取得收益 1 元钱，年利率为 10%，为期 3 年，

年金现值可表示如下（见图3－2）：

0　　　1年末　　　2年末　　　3年末

1元（A）　1元（A）　1元（A）

$1/(1+10\%)^1=0.909$ 元

$1/(1+10\%)^2=0.826$ 元

$1/(1+10\%)^3=0.751$ 元

2.486元＝3年期1元年金（A）的现值

图3－2　后付年金现值计算示意图

由图3－2可知，后付年金现值的一般计算公式为：

$$V_0=A\cdot 1/(1+i)+A\cdot 1/(1+i)^2+\cdots+A\cdot 1/(1+i)^n$$

以上计算公式可以简化如下：

等式两边同乘（$1+i$），则

$$V_0\cdot(1+i)=[A\cdot 1/(1+i)+A\cdot 1/(1+i)^2+\cdots+A\cdot 1/(1+i)^n]\cdot(1+i)$$

$$V_0+V_0\cdot i=A+A\cdot 1/(1+i)+A\cdot 1/(1+i)^2+\cdots+A\cdot 1/(1+i)^{(n-1)}$$

将两边同乘（$1+i$）的等式减去两边没有同乘（$1+i$）的原始等式，其中左边减去左边，右边减去右边，则

$$V_0\cdot i=A-A\cdot 1/(1+i)^n$$

$$V_0=[A-A\cdot 1/(1+i)^n]/i$$

即 $V_0=A\times[1-1/(1+i)^n]/i$

其中，$[1-1/(1+i)^n]/i$ 称为年金现值系数，其简略表

达形式为 $PVIFA_{i,n}$，在实际工作中，年金现值系数的数值可以查阅年金现值系数表。相应地，以上公式可以改写为：

$$V_0 = A \times PVIFA_{i,n}$$

式中：V_0——年金现值；

A——年金；

i——利率（利息率，可以年、月、日等为单位）；

n——计息期数（可以年、月、日等为单位）；

$[1-1/(1+i)^n]/i$——年金现值系数；

$PVIFA_{i,n}$——年金现值系数的简略表达形式。

【例 3-6】某物业管理企业租用一设备，租期为 5 年，每年年末需要支付租金 10 000 元，如果对方要求在第 1 年初一次性支付，在年利率为 8% 的情况下，该企业需要支付多少租金？

解：$V_0 = A \times PVIFA_{i,n}$

$= 10\ 000 \times PVIFA_{8\%,5}$

$= 10\ 000 \times 3.993$

$= 39\ 930$（元）

2. 先付年金终值和现值的计算

先付年金是指一定时期内每期期初等额收付的系列款项，又称预付年金。

先付年金与后付年金的区别仅在于收付款时间的不同，因此，先付年金终值和现值的计算公式可以通过对后付年金的计算公式适当加以调整来得到。

（1）先付年金终值。

先付年金终值是一定时期内每期期初等额系列收付的每一笔款项的复利终值之和，如同在银行零存整取的本利和。

如每年年初存款 1 元钱，年利率为 10%，经过 3 年，年金终值可表示如下（见图 3-3）：

图3－3　先付年金终值计算示意图

由图3－3可知，先付年金终值的一般计算公式为：

$$V_n = A\cdot(1+i) + A\cdot(1+i)^2 + \cdots + A\cdot(1+i)^n$$

由于先付年金终值与后付年金终值的区别仅在于收付款时间的不同，它们之间的关系可以表现为以下两种：

第一种：

假定 $n=2$，则

n 期先付年金终值为：$A\cdot(1+i) + A\cdot(1+i)^2$

n 期后付年金终值为：$A + A\cdot(1+i)$

将 n 期后付年金终值计算公式乘以 $(1+i)$，则

$[A + A\cdot(1+i)] \times (1+i) = A\cdot(1+i) + A\cdot(1+i)^2$

由此可以知道，n 期先付年金终值计算公式可以通过 n 期后付年金终值计算公式乘以 $(1+i)$ 得到。

第二种：

假定 $n=2$，$n+1=3$，则

n 期先付年金终值为：$A\cdot(1+i) + A\cdot(1+i)^2$

$n+1$ 期后付年金终值为：$A + A\cdot(1+i) + A\cdot(1+i)^2$

将 $n+1$ 期后付年金终值计算公式减去 A，则

$A + A\cdot(1+i) + A\cdot(1+i)^2 - A = A\cdot(1+i) + A\cdot(1+i)^2$

由此可以知道，n 期先付年金终值计算公式也可以通过 $n+1$ 期后付年金终值计算公式减去 A 得到。

所以，先付年金终值的计算公式为：

$$V_n = A \times FVIFA_{i,n} \times (1+i)$$

或 $$V_n = A \times FVIFA_{i,n+1} - A$$

式中：V_n——年金终值；

A——年金；

i——利率（利息率，可以年、月、日等为单位）；

n——计息期数（可以年、月、日等为单位）；

$FVIFA_{i,n}$——年金终值系数的简略表达形式。

【例 3－7】某物业管理企业投资一项目，投资期为 5 年，每年年初需要投资 10 000 元，年利率为 8%，如果该企业在最后能够一次性回收全部款项，请问能够回收多少钱？

解：$V_n = A \times FVIFA_{i,n} \times (1+i)$

$= 10\,000 \times FVIFA_{8\%,5} \times (1+8\%)$

$= 10\,000 \times 5.867 \times 1.08$

$= 63\,363.6$（元）

或 $V_n = A \times FVIFA_{i,n+1} - A$

$= 10\,000 \times FVIFA_{8\%,6} - 10\,000$

$= 10\,000 \times 7.336 - 10\,000$

$= 63\,360$（元）

（2）先付年金现值。

先付年金现值是一定时期内每期期初等额系列收付的每一笔款项的复利现值之和。

如每年年初支付 1 元钱，年利率为 10%，为期 3 年，年金现值可表示如下（见图 3－4）：

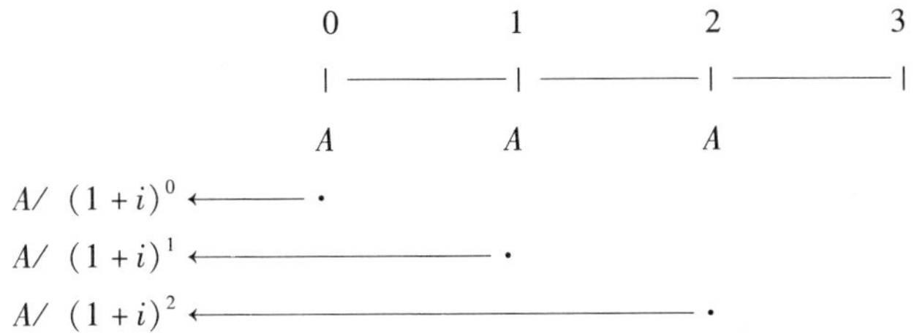

图 3－4　先付年金现值计算示意图

由图 3－4 可知，先付年金现值的一般计算公式为：

$$V_0 = A + A \cdot 1/\ (1+i)\ + A \cdot 1/\ (1+i)^2 + \cdots + A \cdot 1/\ (1+i)^{(n-1)}$$

由于先付年金现值与后付年金现值的区别也仅在于收付款时间的不同，它们之间的关系也可以表现为以下两种：

第一种：

假定 $n=2$，则

n 期先付年金现值为：$A + A \cdot 1/\ (1+i)$

n 期后付年金现值为：$A \cdot 1/\ (1+i)\ + A \cdot 1/\ (1+i)^2$

将 n 期后付年金现值计算公式乘以 $(1+i)$，则

$[A \cdot 1/(1+i) + A \cdot 1/(1+i)^2] \times (1+i) = A + A \cdot 1/(1+i)$

由此可以知道，n 期先付年金现值计算公式可以通过 n 期后付年金现值计算公式乘以 $(1+i)$ 得到。

第二种：

假定 $n=3$，$n-1=2$，则

n 期先付年金现值为：$A + A \cdot 1/\ (1+i)\ + A \cdot 1/\ (1+i)^2$

$n-1$ 期后付年金现值为：$A \cdot 1/\ (1+i)\ + A \cdot 1/\ (1+i)^2$

将 $n-1$ 期后付年金现值计算公式加上 A，则

$A \cdot 1/\ (1+i)\ + A \cdot 1/\ (1+i)^2 + A = A + A \cdot 1/\ (1+i)\ + A \cdot 1/\ (1+i)^2$

由此可以知道，n 期先付年金现值计算公式也可以通过 $n-1$ 期后付年金现值计算公式加上 A 得到。

所以，先付年金现值的计算公式为：

$$V_0 = A \times PVIFA_{i,n} \times (1+i)$$

$$\text{或} \quad V_0 = A \times PVIFA_{i,n-1} + A$$

式中：V_0——年金现值；

A——年金；

i——利率（利息率，可以年、月、日等为单位）；

n——计息期数（可以年、月、日等为单位）；

$PVIFA_{i,n}$——年金现值系数的简略表达形式。

【例 3-8】 某物业管理企业投资一项目，投资期为 5 年，每年年初需要投资 10 000 元，年利率为 8%，如果该企业在开始一次性提供全部投资款，请问应该准备多少钱？

解：$V_0 = A \times PVIFA_{i,n} \times (1+i)$

$= 10\,000 \times PVIFA_{8\%,5} \times (1+8\%)$

$= 10\,000 \times 3.993 \times 1.08$

$= 43\,124.4$（元）

或 $V_0 = A \times PVIFA_{i,n-1} + A$

$= 10\,000 \times PVIFA_{8\%,4} + 10\,000$

$= 10\,000 \times 3.312 + 10\,000$

$= 43\,120$（元）

3. **递延年金现值的计算**

递延年金是指第一次收付发生在第二期或第二期之后的年金，即最初若干期没有收付款项，而随后若干期才等额系列收付的款项。

由于终值只与款项收付之后的时间有关，因此递延年金在计算终值时与前面的递延期没有任何关系，即递延期对终值没有任何意义，所以递延年金终值的计算方法和普通年金类似，可以直接忽略递延期而使用普通年金的计算方法。如图 3－5 所示：

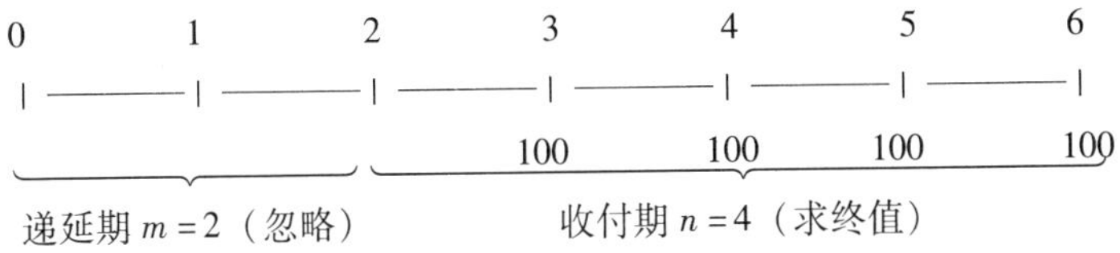

图 3－5　递延年金的递延期与终值关系示意图

假定利率为 10%，则 $n=4$ 期年金的终值为：

$$V_n = A \times FVIFA_{i,n} = 100 \times FVIFA_{10\%,4}$$

$$= 100 \times 4.641 = 464.1\text{（元）}$$

递延期对递延年金终值计算虽然没有任何意义，但对递延年金的现值计算却极为重要，因为计算现值时递延期被包括在折现期内，必须考虑其对时间价值的影响。

递延年金现值的计算方法有两种：

（1）先计算年金在 n 期收付期的现值，根据 n 期收付期的现值便是 m 期递延期终值的原理，再计算在 m 期递延期的现值，从而得到最终的现值。如图 3－6 所示：

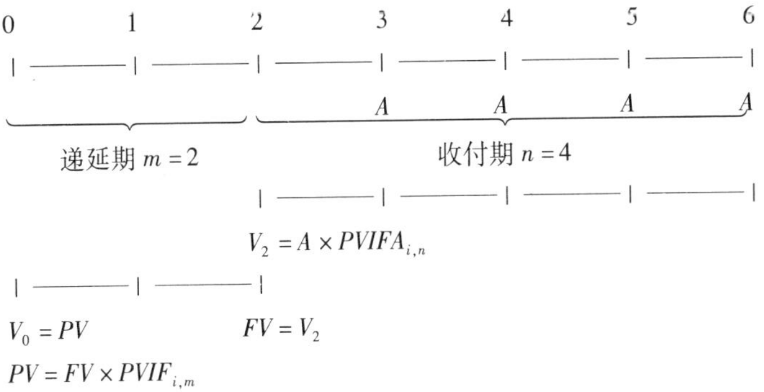

图 3－6　递延年金现值分段计算示意图

由图3－6可知，递延年金现值的第一种计算公式为：

$$V_0 = A \times PVIFA_{i,n} \times PVIF_{i,m}$$

式中：V_0——递延年金现值；

A——年金；

i——利率（利息率，可以年、月、日等为单位）；

n——收付期计息期数（可以年、月、日等为单位）；

m——递延期计息期数（可以年、月、日等为单位）；

$PVIFA_{i,n}$——年金现值系数的简略表达形式；

$PVIF_{i,m}$——复利现值系数的简略表达形式。

（2）先假设 m 期递延期和 n 期收付期一样，都存在年金的收付，即假设年金收付期为 $n+m$ 期，并以此计算 $n+m$ 期年金的现值，但事实上 m 期并没有年金，所以需把已经计算进去的 m 期年金的现值减去，从而得到真正的现值。如图3－7所示：

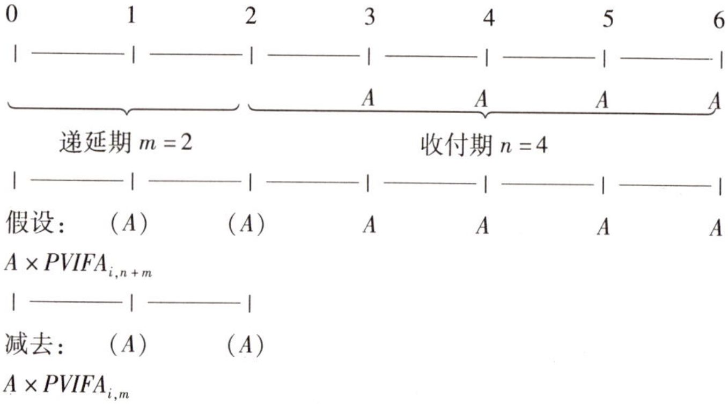

图3－7　递延年金现值假设计算示意图

由图3－7可知，递延年金现值的第二种计算公式为：

$$
\begin{aligned}
V_0 &= A \times PVIFA_{i,n+m} - A \times PVIFA_{i,m} \\
&= A \times (PVIFA_{i,n+m} - PVIFA_{i,m})
\end{aligned}
$$

式中：V_0——递延年金现值；

A——年金；

i——利率（利息率，可以年、月、日等为单位）；

n——收付期计息期数（可以年、月、日等为单位）；

m——递延期计息期数（可以年、月、日等为单位）；

$PVIFA_{i,n}$——年金现值系数的简略表达形式。

【例 3-9】某物业管理企业向银行借入一笔款项，年利率为 5%，银行同意前几年不用还本付息，但从第 4 年起至第 10 年止每年年末需偿还本息 6 万元，请问这笔借款是多少钱？

解：

$$
\begin{aligned}
V_0 &= A \times PVIFA_{i,n} \times PVIF_{i,m} \\
&= 6 \times PVIFA_{5\%,7} \times PVIF_{5\%,3} \\
&= 6 \times 5.7864 \times 0.8638 \\
&= 29.99 \text{（万元）}
\end{aligned}
$$

或

$$
\begin{aligned}
V_0 &= A \times (PVIFA_{i,n+m} - PVIFA_{i,m}) \\
&= 6 \times (PVIFA_{5\%,7+3} - PVIFA_{5\%,3}) \\
&= 6 \times (7.7217 - 2.7232) \\
&= 29.99 \text{（万元）}
\end{aligned}
$$

4. 永续年金现值的计算

永续年金是指没有最后到期日的无限期年金。现实中优先股的股息可以视为永续年金的一个例子。

永续年金没有终止的时间，也就没有终值。永续年金的现值可以通过普通年金现值的计算公式导出：

$$V_0 = A \times [1 - 1/(1+i)^n]/i$$

当 $n \to \infty$ 时，$1/(1+i)^n$ 的极限为零，则

$$V_0 = A \times 1/i$$

式中：V_0——永续年金现值；

A——年金；

i——利率（利息率，可以年、月、日等为单位）。

【例 3－10】 某物业管理企业的一股优先股，每年分得股息 2 元，利率为每年 5%，如果将该股票转让，请问可以按多少钱转让？

解：$V_0 = A \times 1/i = 2 \times 1/5\% = 40$（元）

以上介绍的是有关货币时间价值计算的基本原理，在实际的财务管理工作当中，物业管理企业要根据企业的具体情况加以灵活运用。

第三节　资金成本

一、资金成本概述

（一）资金成本的概念

资金成本是指企业为了筹集和使用资金而付出的代价。在市场经济条件下，作为生产要素之一的资金是一种特殊的商品，企业无论通过何种渠道和方式取得资本，一般都是有偿的，需要付出一定的代价，并承担一定的成本，物业管理企业也不例外。

资金成本从其构成来看，主要包括资金筹集费用和资金使用费用两部分。资金筹集费用是指企业在筹措资本过程中为获得资本而付出的花费，如向银行借款支付的手续费，因发行股票、债

券而支付的发行费等。资金筹集费用一般是一次性发生的，所以可以作为筹资数量的一项扣除。

资金使用费用是指企业因使用资本而支付给资金提供者的使用报酬，如向股东支付的股利，向债权人支付的利息等。资金使用费用一般与所筹资本数量的多少和资本使用时间的长短有关。

（二）资金成本的作用

资金成本对企业筹资管理和投资管理具有重要意义，主要用于筹资决策和投资决策。

（1）资金成本是比较、选择筹资方案的依据。

企业筹措资本的方式多种多样，它们的筹集费用和使用费用亦不相同。通过比较不同筹资方式的资金成本，可以从中选出资金成本较低的筹资方式来确定筹资方案。

（2）资金成本是评价投资项目可行性的主要经济标准。

资金成本是企业计划投资时预期可以接受的最低报酬率。也就是说，投资项目的投资报酬率不能低于资金成本率，否则就意味着投资回报连支付资金成本都不够，在经济上是不可行的。

（3）资金成本可以用来评价企业的经营业绩。

资金成本还可以作为衡量企业经营成果的尺度，凡是企业总体收益率低于这个水平的，即认为企业经营不利，必须改善经营管理。

（三）决定资金成本高低的因素

在市场经济环境中，多方面因素的综合作用决定着企业资金成本的高低，其中主要有总体经济环境、证券市场条件、企业内部的经营和融资状况及项目融资规模。

1. **总体经济环境**

总体经济环境决定了整个经济活动中资金的供给和需求，以及预期通货膨胀的水平。很显然，如果整个社会经济中的资金需求和供给发生变动，或者通货膨胀水平发生变化，投资者也会相应改变其所要求的收益率。具体来说，如果资金需求增加，而供给没有相应增加，投资人便会提高其投资收益率，企业的资金成本就会上升，反之，则会降低其所要求的投资收益率，使资金成本下降。如果预期通货膨胀水平上升，货币购买力下降，投资者也会提出更高的收益率来补偿预期的投资损失，导致企业资金成本上升。

2. 证券市场条件

证券市场条件影响的是证券投资的风险。证券市场条件包括证券的市场流动的难易程度和价格波动程度。如果某种证券的市场流动性不强，投资者想买进或卖出证券相对困难，变现风险就会加大，要求的收益率就会提高，或者虽然存在对某种证券的需求，但因其价格波动较大，投资的风险大，要求的收益率也会提高。

3. 企业内部的经营和融资状况

企业内部的经营和融资状况指的是其经营风险和财务风险的大小。经营风险是企业投资决策的结果，表现在资产收益率的变动上；财务风险是企业筹资决策的结果，表现在普通股收益率的变动上。如果企业的经营风险和财务风险较大，投资者便会有较高的收益率要求。

4. 项目融资规模

项目融资规模是影响企业资金成本的另一个因素。企业的融资规模大，资金成本就会较高。比如，企业发行的证券金额很大，资金筹集费和资金占用费都会上升，而且证券发行规模的增大还会降低其发行价格，由此也会增加企业的资金成本。

二、资金成本的计算

资金成本通常用相对数表示，即资金成本率，是企业使用资金需支付的费用与实际筹得的资金之间的比率。其一般计算公式如下：

$$K=\frac{D}{P-F} \text{或} K=\frac{D}{P\ (1-f)}$$

式中：K——资金成本率；

D——资金使用费用；

P——筹资数额；

F——资金筹集费用；

f——筹资费用率（筹集费用占筹资数额的比率）。

在具体计算资金成本时，要根据企业自身的筹资情况，区别各种不同的筹资方式，分别或综合地计算确定。

（一）个别资金成本

个别资金成本是指使用各种长期资金的成本，主要包括长期借款资金成本、债券资金成本、优先股资金成本、普通股资金成本和留存收益资金成本等。前两种为债务资金成本，后三种为权益资金成本。

1. 长期借款资金成本

长期借款资金成本主要指银行借款利息。作为债务成本，按照有关规定，债务的利息允许在企业所得税前支付，从而减少了税金缴付，无形中使企业实际负担的利息减少。如所得税前的 1 元，按现行税法，企业应缴付所得税 0.25 元，若被当作利息在税前支付，则节约 0.25 元，那么企业名义上支付了 1 元利息，但考虑到节约了 0.25 元，实际上只支付了 1 ×（1 - 25%）= 0.75（元）。所以，企业实际负担的利息为：利息 ×（1 - 所得税率）。`

因此，长期借款资金成本的一般计算公式为：

$$K_L = \frac{I\ (1-T)}{P\ (1-f)} = \frac{i\ (1-T)}{1-f}$$

式中：K_L——长期借款资金成本率；
I——长期借款年利息；
T——企业所得税率；
P——长期借款筹资数额；
f——长期借款筹资费用率；
i——长期借款年利率。

【例 3－11】某物业管理企业取得银行长期借款 200 万元，年利率 7%，每年付息一次，到期一次还本。筹措这笔借款的费用率为 0.5%，企业所得税率为 25%。请计算该笔长期借款的资金成本率。

解：$K_L = \frac{I\ (1-T)}{P\ (1-f)} = \frac{i\ (1-T)}{1-f}$

$$= \frac{200 \times 7\% \times\ (1-25\%)}{200 \times\ (1-0.5\%)} = 5.28\%$$

2. 债券资金成本

债券资金成本指发行债券后需要支付的债券利息。债券利息按规定也是在所得税前支付，因此，债券资金成本的计算方法与长期借款资金成本基本相同，主要区别在于债券发行价格与面值可能存在差异，所以其利息按面值和票面利率确定，筹资数额则按发行价格确定。

债券资金成本的一般计算公式为：

$$K_b = \frac{I\ (1-T)}{P\ (1-f)}$$

式中：K_b——债券资金成本率；

I——债券年利息（按面值和票面利率确定）；

T——企业所得税率；

P——债券筹资数额（按发行价格确定）；

f——债券筹资费用率。

【例3－12】某物业管理企业发行总面值为200万元的债券，发行总价为250万元，票面利率为9%，发行费用为发行价格的4%，企业所得税率为25%。请计算该债券的资金成本率。

解：$K_b=\dfrac{I\ (1-T)}{P\ (1-f)}=\dfrac{200\times 9\%\times\ (1-25\%)}{250\times\ (1-4\%)}=5.63\%$

3. **优先股资金成本**

优先股资金成本是指发行优先股后需要支付的优先股股利。优先股股利通常是固定的，需要在所得税后支付，没有抵减税金的作用。优先股发行价格与面值往往也存在差异，所以其股利按面值和规定利率确定，而筹资数额是按发行价格确定。

优先股资金成本的一般计算公式为：

$$K_P=\frac{D}{P\ (1-f)}$$

式中：K_P——优先股资金成本率；

D——优先股年股利（按面值和规定利率确定）；

P——优先股筹资数额（按发行价格确定）；

f——优先股筹资费用率。

【例3－13】某物业管理企业发行总面值为200万元的优先股，发行总价为240万元，规定年股利率为12%，筹资费用率为5%。请计算该优先股的资金成本率。

解：$K_P=\dfrac{D}{P\ (1-f)}=\dfrac{200\times 12\%}{240\times\ (1-5\%)}=10.53\%$

4. **普通股资金成本**

普通股资金成本是指发行普通股后需要分配给普通股股东的

红利。普通股资金成本在抵减税金、股利和筹资数额的确定等方面与优先股基本相同，但普通股的股利一般是不固定的，而且投资者通常都希望股利能够逐年增长，所以，在计算普通股的资金成本时一般会考虑股利年增长率。

普通股资金成本的一般计算公式为：

$$K_c = \frac{D}{P\ (1-f)} + G$$

式中：K_c——普通股资金成本率；

D——普通股年股利；

P——普通股筹资数额；

f——普通股筹资费用率；

G——普通股股利年增长率。

【例 3－14】 某物业管理企业发行总价值为 200 万元的普通股，当年股利率为 12%，以后每年增长 3%，筹资费用率为 5%。请计算该普通股的资金成本率。

解：$K_c = \frac{D}{P\ (1-f)} + G = \frac{200 \times 12\%}{200 \times\ (1-5\%)} + 3\% = 15.63\%$

5. 留存收益资金成本

留存收益是企业税后净利润形成的，其所有权仍然属于投资者，相当于投资者对企业的追加投资。从表面上看，企业使用留存收益似乎不必花费任何成本，实际上，投资者将其留给企业使用而不取出另行投资别处，总是希望得到与普通股等价的报酬。因此，留存收益不是没有资金成本，只是它的成本表现为一种机会成本。所以，留存收益资金成本的计算可以参照普通股的计算方法，只是不用考虑筹资费用。

留存收益资金成本的一般计算公式为：

$$K_r = \frac{D}{P} + G$$

式中：K_r——留存收益资金成本率；

其他符号含义与普通股资金成本的计算公式相同。

【例 3－15】某物业管理企业用留存收益 50 万元转增普通股，预计当年股利率为 12%，以后每年增长 3%。请计算该留存收益的资金成本率。

解：$K_r = \frac{D}{P} + G = \frac{50 \times 12\%}{50} + 3\% = 15\%$

（二）综合资金成本

综合资金成本也称加权平均资本成本。由于受到多种因素的制约，企业不可能只使用单一的筹资方式，往往需要通过多种方式筹集所需资金。为了进行筹资决策，就要确定企业全部长期资金的总成本，也就是综合资金成本。综合资金成本一般是以各种资本占全部资本的比重为权数，对个别资金成本进行加权平均确定的。

综合资金成本的计算公式为：

$$K_w = \sum_{j=1}^{n} K_j W_j$$

式中：K_w——综合资金成本率；

K_j——第 j 种个别资金成本率；

W_j——第 j 种个别资金占全部资本的比重（权数）。

在已确定个别资金成本的情况下，取得企业各种资金占全部资本的比重后，即可计算企业的综合资金成本。

【例 3－16】某物业管理企业账面反映的长期资金共 500 万元，其中长期借款 100 万元，债券 50 万元，普通股 250 万元，留存收益 100 万元，其资金成本分别为 6%、9%、12%、11%。请计算该企业的综合资金成本率。

解：$K_w = \sum_{j=1}^{n} K_j W_j = 6\% \times 100/500 + 9\% \times 50/500 + 12\% \times 250/500 + 11\% \times 100/500 = 10.3\%$

（三）筹资结构分析

企业从不同渠道取得的资金占全部筹资总额的比重，即各种资金占全部资本的权重，称为筹资结构。为了选择最佳的资金来源和最低的资金成本，企业往往有多种筹资方案，对不同的资金进行不同的组合，并最终形成多种筹资结构。筹资结构分析就是在考虑综合资金成本的基础上，在几组不同的筹资结构中进行优化选择，也就是选择综合资金成本最低的筹资结构。

【例 3－17】某物业管理企业长期资金的筹集采用长期借款、债券、普通股和留存收益等四种资金进行组合的方式，各种筹资渠道的资金成本率已定，并形成了 *A*、*B*、*C* 三种不同的筹资结构方案，具体如表 3－1 所示。请选择综合资金成本最低的最优筹资结构。

表 3－1　筹资结构分析表

筹资方式	可供选择的筹资结构			资金成本率
	A	*B*	*C*	
长期借款	15%	15%	10%	6%
债券	20%	25%	20%	9%
普通股	45%	50%	55%	12%
留存收益	20%	10%	15%	11%

解：$K_w = \sum_{j=1}^{n} K_j W_j$

$$K_A = 6\% \times 15\% + 9\% \times 20\% + 12\% \times 45\% + 11\% \times 20\% = 10.3\%$$

$$K_B = 6\% \times 15\% + 9\% \times 25\% + 12\% \times 50\% + 11\% \times 10\% = 10.25\%$$

$$K_C = 6\% \times 10\% + 9\% \times 20\% + 12\% \times 55\% + 11\% \times 15\% = 10.65\%$$

通过以上计算可以看出，方案 B 的综合资金成本最低，所以选择 B 筹资结构。

以上介绍的是资金成本的计算方法，说明了影响资金成本的基本因素及计算时应考虑的主要问题。在实践中资金成本的计算则要复杂得多，特别是进行组合筹资时，每个企业都应该根据自身的具体情况研究解决。

对于大多数物业管理企业来讲，其权益资本主要是吸收直接投资和留存收益，它们的资金成本的确定具有明显的特点，主要表现为：①吸收直接投资的相关协议或合同如果约定了固定的分红比率，则与优先股类似。②在相关协议或合同未约定固定分红比率的情况下，吸收直接投资要求的报酬难以预计。③吸收直接投资和留存收益不能在证券市场上交易，其价值难以公平地确定。因此，我们在前面虽然也介绍了留存收益资金成本的计算方法，但吸收直接投资及留存收益资金成本的确定方法还有待于进一步研究。有些财务学者认为，在一定条件下，吸收直接投资及留存收益资金成本，可以按照优先股资金成本的计算方法和行业平均分红比率来确定。至于存在于物业管理企业中的代管基金，虽然作为长期负债处理，但其在使用和管理上与一般负债资金完全不同，而且也基本不存在资金成本，具有很强的特殊性，因此对企业的筹资管理和投资管理不会产生太大的影响。

思考题

1. 简述企业的筹资动机。

2. 简述企业资金的筹集渠道。

3. 简述企业资金的主要筹集方式。

4. 说明吸收直接投资的优缺点。

5. 比较普通股股票和优先股股票的特点。

6. 说明发行股票的优缺点。

7. 商业信用的具体形式主要有哪些?

8. 试述物业管理企业代管基金的管理。

9. 某物业管理企业投资于一项目，投入资金15万元，年投资利率为10%，投资期为5年，请问该项目最终可以收回多少资金?

10. 某物业管理企业进行一项投资，希望在2年后得到30万元，若年投资利率为8%，那么该企业现在应该投资的金额是多少?

11. 简述年金的特征和种类。

12. 某物业管理企业出租一处住宅房屋，租期3年，每年年末可取得租金15 000元，如果对方选择在最后一次性付款，在年利率为5%的情况下，该企业最后收到的租金是多少?

13. 某物业管理企业租用一台机器设备，租期5年，每年年末需要支付租金20 000元，如果在最初一次性支付，在年利率为6%的情况下，该企业需要支付多少租金?

14. 某物业管理企业投资一项目，投资期3年，每年年初需要投放资金50 000元，年投资利率为10%，该企业在最后能够一次性收回多少资金?

15. 某物业管理企业投资一项目，投资期4年，每年年初需要投资30 000元，年利率为9%，如果该企业在开始就一次性提供全部投资款，请问应该准备多少资金?

16. 说明资金成本的作用。

17. 简述决定资金成本高低的因素。

18. 简述个别资金成本的主要类别。

19. 试述物业管理企业资金成本的确定的特点。

第四章　物业管理企业的主要经营业务

学习目标

通过本章的学习，要求了解、掌握下列内容：

①物业管理企业经营业务中的各项收入来源及其确认方法；

②有关收费标准和服务价格的确定；

③相关税金的计算；

④相应成本费用的内容与划分；

⑤利润的构成及其预测、分配。

经营业务体现了企业的经营范围和活动内容，决定了物业管理企业的收入来源和开支事项。作为专门从事物业服务活动的企业，其主要经营业务在具体内容上是有别于其他企业的，具有较强的行业特点。当然，物业管理企业首先也是一个企业，其对经营业务的财务处理虽然有与一般企业相区别的地方，但总体来讲也是有共性的。

第一节　收　入

一、营业收入概述

物业管理营业收入是指物业管理企业从事物业服务和其他经营活动所取得的各项收入。根据物业管理企业的经营特点，按照经营业务的重要性可以将其收入划分为主营业务收入和其他业务收入。

（一）主营业务收入

物业管理企业的主营业务收入是指企业在从事物业管理活动中，为业主、使用人提供维修、管理和服务所取得的收入，包括物业管理收入、物业经营收入和物业大修收入。

1. 物业管理收入

物业管理收入是指物业管理企业在物业管理范围内，按照物业服务合同的约定为业主、使用人提供标准服务，或按照与业主、使用人的约定提供委托服务而取得的有偿服务收入。物业管理收入是物业管理企业最主要的收入来源，又分为公共性服务收入、公众代办性服务收入和特约服务收入三部分，其中又以公共性服务收入为主。

（1）公共性服务收入。

公共性服务收入是指物业管理企业为业主、使用人提供公共卫生清洁、公共设施维修保养、公共秩序维护管理和公共区域绿化等公共性服务而收取的公共性服务费。所谓的物业管理费一般指的就是公共性服务费。

（2）公众代办性服务收入。

公众代办性服务收入是指物业管理企业为业主、使用人提供代缴水电费、煤气费、有线电视费、电话费等服务而获取的服务费。该服务费的收取必须按照物业管理企业与业主、使用人之间的协议执行。随着现代交费手段的进步，这类代缴服务会越来越少。

（3）特约服务收入。

特约服务收入是指物业管理企业为满足业主、使用人的特殊需要，提供服务而收取的服务费，如房屋装修、自用设备维修、家政服务等。特约服务的收费标准由物业管理企业和业主、使用人按照市场价格协商确定。

2. **物业经营收入**

物业经营收入是指物业管理企业经营业主或使用人提供的房屋、建筑物和共用设施取得的收入。物业经营收入是物业管理企业主营业务收入的重要组成部分，主要包括房屋出租收入和经营停车场、游泳池、各类球场等共用设施的收入。

房屋出租收入是指物业管理企业对业主、使用人提供的房屋不添加任何设施，直接用于出租而取得的租金。物业管理企业根据经营需要，对业主、使用人提供的房屋再添加一定的设施，用于商店、饭店、健身房等各种经营活动所取得的收入，应作为物业管理企业的其他业务收入。

以上房屋及设施属于全体业主共同所有的，物业管理企业可以与业主委员会协商后有偿使用，并将其收入冲减一部分物业管理费。

3. 物业大修收入

物业大修收入是指物业管理企业受业主、使用人的委托，对房屋共用部位、共用设施设备进行大修、更新改造等活动所取得的收入。物业大修的经费一般需要由代管的专项维修资金支付，所以物业大修收入往往通过代管基金结算。

（二）其他业务收入

物业管理企业的其他业务收入是指企业在从事主营业务以外的其他多种经营业务活动（该业务一般与物业管理企业从事的物业管理活动没有直接的联系）所取得的收入，包括房屋中介代销手续费收入、材料物资销售收入、废品回收收入、商业用房经营收入及无形资产转让收入等。

开展其他业务活动应该坚持“一业为主，多种经营”的方针，在确保物业管理服务质量的基础上，围绕着物业管理，从市场需求出发，尽可能地发展与物业管理相关的多种经营业务，这样既发挥了物业管理企业的优势，也满足了业主和使用人的多种需求。

1. 房屋中介代销手续费收入

房屋中介代销手续费收入是指物业管理企业在从事物业服务的同时，接受房地产开发商、业主或其他客户的委托，从事房屋代理销售、租赁活动，按照房屋的销售、租赁金额，收取的房屋中介代销手续费。

一般情况下，房屋中介代销手续费收入不会经常发生，且金额较小，所以作为其他业务收入。如果房屋中介代销手续费收入发生比较频繁，且金额较大，则可以考虑将其作为物业管理企业主营业务收入中的物业经营收入处理。

2. 材料物资销售收入

材料物资销售收入是指物业管理企业将其不需要的材料物资对外出售所取得的收入。这些材料物资一般是由于物业管理企业不需要使用、不完全使用或者购买过多导致积压、积存而形成的，而且它们都仍然保持有原来的使用价值和功能。

3. 废品回收收入

废品回收收入是指物业管理企业在提供服务过程中，处理一定量的废品所取得的收入。在物业管理企业提供服务的过程中，除了企业本身会产生废弃物品，最主要的是整个物业管理区域每天都会产生大量的废弃物品，这些废弃的物品都需要进行妥善的处理。

4. 商业用房经营收入

商业用房经营收入是指物业管理企业利用业主、使用人提供的商业性用房，直接从事如超市、便利店、洗衣店、美容美发店、餐饮店、建材店、健身房等各种经营项目所取得的收入。

由于这种商业用房经营收入不是房屋本身带来的，而是物业管理企业利用房屋从事某种营业性活动所带来的，与房屋出租收入有很大的区别，因此一般将其作为其他业务收入处理，而不能作为物业管理企业的主营业务收入。

5. 无形资产转让收入

无形资产是指企业持有的、没有实物形态的非货币性长期资产，包括专利权、非专利技术、商标权、著作权、土地使用权、特许经营权和商誉等。无形资产转让收入是指物业管理企业将以上无形资产的所有权或使用权转让给他人或其他企业，由此而获取的收入。

综上所述，物业管理营业收入的构成可以归纳如下（见图4－1）：

- 营业收入
  - 主营业务收入
    - 物业管理收入
      - 公共性服务收入
      - 公众代办性服务收入
      - 特约服务收入
    - 物业经营收入
    - 物业大修收入
  - 其他业务收入
    - 房屋中介代销手续费收入
    - 材料物资销售收入
    - 废品回收收入
    - 商业用房经营收入
    - 无形资产转让收入

图 4－1　物业管理营业收入构成图

需要指出的是，物业管理企业的主营业务收入和其他业务收入之间并没有严格的区别，需要根据企业的实际情况给予归类。

二、营业收入的依据

物业管理企业营业收入的依据是指为物业管理企业带来营业收入的各项经营业务的服务收费或价格的确定标准及方式。物业管理企业的经营业务比起经营业务相对单一的一般企业要复杂一些，它既有与一般企业相同的经营项目，也有充满了行业特点的物业服务项目，所以物业管理企业经营业务中的各项服务收费和商品价格的确定与一般企业有相同的方面，但在提供物业服务这一主要的经营业务上，其服务收费标准的确定与一般企业还是有很大的不同。

（一）物业管理服务收费标准的确定

为业主、使用人提供物业服务是物业管理企业最主要的经营业务，它为物业管理企业带来的物业管理收入是物业管理企业最主要的收入来源，是物业管理企业赖以生存和发展的基础。在物业管理中，物业管理服务收费问题也是广大业主关注的焦点，同时也是实施物业管理的难点。

物业管理企业为业主、使用人提供的物业服务项目不同，其收费标准也是不一样的，有些服务项目的收费标准需要与业主或使用人通过协商采用市场规则确定，但有些服务项目收费标准则要按国家有关部门的规定执行。根据国家有关规定，物业管理企业在进行物业管理服务收费时，首先应按照所提供服务项目的内容和特点，确定物业管理服务费的构成，并测算其金额，然后再依据国家有关规定，在考虑物业的不同性质、不同服务水平和住户收入水平的基础上，分别实行政府定价、政府指导价和协议定价等不同定价形式，最终确定物业管理服务收费标准。

1. 公共性服务收费的确定

根据国家有关规定，公共性服务收费一般实行政府指导价的价格管理办法，各地区物价部门根据当地具体情况制定收费基准和浮动幅度，由物业管理企业和业主在指导价格的范围内共同商定最终的服务收费标准。而作为物业管理企业，仍然有必要根据自己所承接的物业项目的具体情况，按照公共性服务收费的构成内容，测算自己所承接物业的收费标准，用于判断该物业服务收费在经济上的可行性，并作为与业主洽谈收费标准时的参考。

（1）公共性服务收费的构成内容。

物业管理企业公共性服务收费的内容一般由以下项目构成：①人员工资和福利费；②公共设施设备维护费；③清洁卫生费；④绿化费；⑤公共秩序管理费；⑥行政办公费；⑦固定资产折旧费；⑧保险费；⑨管理者酬金（利润）；⑩税金。

所谓管理者酬金即物业管理企业组织公共性服务而取得的报酬，由物业管理企业和业主根据服务项目的多少、服务水平的高低，在考虑本地区的行业利润率的基础上协商确定。

另外，物业管理企业除了购买必要的责任保险外，还应为公共设备投保相应的财产保险。

（2）公共性服务收费的测算。

上述的公共性服务收费构成中列出了10个收费项目，但这并不意味着任何一个物业都要把这10个收费项目全部加以测算。由于物业类型不同，业主需要委托的物业服务内容不同，有些物业可能只涉及上述收费项目中的某些部分，所以要根据不同物业的具体情况来确定需要测算的收费项目。总之，要想得到一个合理的收费测算结果，除了尽可能准确地预计出每项收费的金额以外，关键就是不要有遗漏，应该把所有发生的收费项目全都计算在内。

公共性服务收费是以物业面积为单位收取的，那么在具体测算收费标准时，也应该以物业面积为计算依据，将上述各个收费项目再进一步分解为若干个子项目，通过对各个子项目费用金额的测算，得到各个项目的收费标准，最后再汇总各个项目的收费金额，测算出总的收费标准。

公共性服务收费的一般测算公式如下：

$$P_j = \sum_{i=1}^{n} F_i / S \text{（单项收费标准测算公式）}$$

$$P_{总} = \sum_{j=1}^{n} P_j \text{（总收费标准测算公式）}$$

式中：P_j——第j项公共性服务收费（元/月·m^2）；

F_i——第j项公共性服务中第i子项目费用（元/月）；

S——参加测算的物业总面积（m^2）；

$P_{总}$——总的公共性服务收费（元/月·m^2）。

【例4-1】某物业管理企业拟接管一个住宅小区，该小区建筑面积30 000m^2，每月的各项行政办公费预计如下：办公用品费700元，车辆使用费500元，公共关系费600元，宣传广告费100元，其他杂项费200元。请测算该小区行政办公费的收取标准。

解：$P_j = \sum_{i=1}^{n} F_i / S$

$= (F_1 + F_2 + F_3 + F_4 + F_5) / S$

$= (700 + 500 + 600 + 100 + 200) / 30\ 000$

$= 2\ 100 / 30\ 000$

$= 0.07$（元/月·m^2）

【例4－2】某物业管理企业拟接管某一物业，通过对物业的各项公共性服务费进行预计和详细的计算，得出的各项公共性服务费（元/月·m^2）如表4－1所示。请测算该物业的公共性服务收费标准。

表4－1　物业管理服务各单项收费测算表

序号	项　目	金额（元/月·m^2）
1	人员工资和福利费	0.37
2	公共设施设备维护费	0.23
3	清洁卫生费	0.21
4	绿化费	0.13
5	公共秩序管理费	0.14
6	行政办公费	0.11
7	固定资产折旧费	0.04
8	保险费	0.02
9	管理者酬金（利润）	0.12
10	税金	0.07

解：$P_{总} = \sum_{j=1}^{n} P_j$

$= P_1 + P_2 + P_3 + P_4 + P_5 + P_6 + P_7 + P_8 + P_9 + P_{10}$

$= 0.37 + 0.23 + 0.21 + 0.13 + 0.14 + 0.11 + 0.04 + 0.02 + 0.12 + 0.07$

$= 1.44$（元/月 · m^2）

（3）公共性服务收费标准的确定原则。

物业管理服务收费标准的高低决定了物业管理企业管理服务收入的水平，一般来讲，物业管理服务收费收取标准越高，物业管理企业的收入就越高。但是，物业管理企业测算出所承接物业的公共性服务收费标准后，并不能直接作为其最终的收费标准，最终收费标准的确定除了依据测算出的结果，还要受到国家有关政策法规的制约，同时还要受到用户收入水平的限制。因此，物业管理公共性服务收费标准的最终确定需要遵循以下原则：

①合理测算原则。公共性服务收费标准的确定一定要建立在合理测算的基础上，只有经过对各种公共性服务项目收费标准的测算，才能确保最终收费标准在经济上的可行性。如果测算出来的收费标准高于业主、使用人所能接受的标准或超出政府指导的价格范围，则意味着该物业项目按照政府指导价格或业主、使用人认可的价格进行收费在经济上是不可行的。如果测算出来的收费标准低于业主、使用人所能接受的标准或低于政府最高指导价格，则意味着该物业项目不但可以按照政府指导价格或业主、使用人认可的价格进行收费，而且还有提高服务质量和增加服务收费的空间。

②遵守国家价格政策原则。对于物业管理服务收费标准，我国向来采取政府定价或政府指导价，所以公共性服务收费标准的最终确定应该遵守国家的有关价格政策。物业管理企业应该在合理测算的基础上，按照本地区物价部门的有关价格政策，与业主共同商定最终的物业管理服务收费标准。

③与用户收入水平相适应原则。物业管理最终还是要向业主和使用人收费，所以公共性服务收费标准的确定也要受到用户收入水平高低的限制。一方面，收费标准过高，业主、使用人接受不了，则得不到业主和使用人的支持，收费过程就很困难；另一方面，如果收费标准过低，则物业管理企业得不到经济上的好处，便失去了经营的价值。

④与服务水平相适应原则。一般来讲，物业管理企业提供的服务水平越高，其收费标准也会越高。所以对高级别墅区的收费往往比对普通住宅区收费要高，对商业物业的收费往往比对居住物业的收费要高。

⑤公平原则。对于不同的业主和使用人，他们所承担和使用的共用设施设备是不同的，所以相应的服务收费应该将他们加以区别，分别收取不同的物业管理服务费，如物业的低层用户几乎没有机会使用电梯，他们应该交纳较少的管理费用。

2. **公众代办性服务收费的确定**

公众代办性服务主要表现为代收代缴各类社会性公共服务款项，根据国家有关规定，各类社会性公共服务收费一般实行政府定价管理。所以，原则上公众代办性服务是物业管理企业的一项代收业务，代收的款项不能作为物业管理企业的收入，收取的标准也完全依照政府的定价政策，由政府物价部门来确定其收取标准。现实中，针对代收代缴服务，物业管理企业可以收取一定的服务费或手续费，形成公众代办性服务收入。服务费或手续费的标准主要由物业管理企业和业主、使用人协商确定，有些地方还必须经过当地物价部门的认可后，才能向用户收取。

随着新物业管理法规的推行，越来越多的社会公共性服务将由业者直接向最终用户收取，而且现代公共缴费手段也越来越先进，用户不用出门便可直接划账缴费。所以物业管理企业中的这种公众代办性服务将会越来越少。

3. 特约服务收费的确定

特约服务体现的是物业管理企业和特定业主、使用人之间的委托服务关系。特约服务的收费标准除物价部门有规定之外，一律实行协议定价，完全由物业管理企业和相应的业主、使用人依据市场需求，协商确定服务收费的标准。

（二）物业管理服务的收费形式

物业管理服务的收费形式实际上体现了物业管理企业针对特定物业的经营模式。根据国家有关规定，物业管理企业和业主可以采取包干制或者酬金制等形式约定物业管理服务收费。

1. 物业管理服务包干制

物业管理服务包干制是指由业主向物业管理企业按确定的收费标准支付物业管理服务费，盈余或者亏损均由物业管理企业享有或承担，不会因此改变收费标准的一种物业管理服务收费形式。

包干制下的物业管理企业实际上是承包商的角色，其自身承担着因其经营管理水平高低而带来的盈亏压力。目前，包干制物业管理服务较多地应用于住宅小区的物业管理。

在实行物业管理服务费用包干制的模式下，物业管理服务费用的构成包括各项物业服务成本和费用、法定税费和物业管理企业的利润，其中节省的各项开支可以成为物业管理企业的利润。所以，为了确保业主、使用人的权益，物业管理企业应当在服务中遵守国家的法律法规，严格履行物业服务合同，为业主提供质价相符的物业管理服务。

物业管理服务包干制的主要优势表现为：

第一，可以强化物业管理企业成本意识。在包干制下，物业管理企业自身承担着盈亏压力，这种压力对企业来讲具有明显的激励作用。这种激励将直接促使物业管理企业在履行物业服务合同时不断地提高成本意识和经营管理水平，从而提高企业的盈利能力和生存能力，促进企业自身的发展。

第二，有利于增强物业管理企业员工素质。包干制侧重于对成本的管理，从客观上就要求物业管理经营手段的发展必须与此相适应，最终将导致物业管理服务逐渐从劳动密集型向技术密集型转变，进而提升物业管理从业人员的素质。

第三，降低监督成本。物业管理活动的监督成本主要体现为聘请专业机构和专业人员对物业服务资金的使用情况进行财务审计等支付的费用。在包干制下，盈余或者亏损均由物业管理企业享有或承担，业主对物业服务资金的使用无须给予太多的关注。

2. 物业管理服务酬金制

物业管理服务酬金制又称实报实销制，是指在根据预算向业主预收的物业服务收费中按约定的比例或者数额提取一定的酬金支付给物业管理企业，其余的收费全部用于物业服务合同约定的支出，结余或者不足均由业主享有或承担的一种物业管理服务收费形式。

酬金制下的物业管理企业实际上具有中介代理商的特点，其自身不承担物业管理支出压力，以收取佣金的方式取得报酬。酬金制对物业管理企业的管理运作的规范性和业主的整体素质要求较高，一般在商业大厦的物业管理中应用较多。

按照国家有关规定，实行物业管理服务酬金制的，物业管理企业预收的物业服务收费属于代管性质，为所交纳的业主所有，物业管理企业不得将其用于物业服务合同约定以外的支出。物业管理企业还应当向业主大会或者全体业主公布物业服务资金年度预决算，并每年不少于一次地公布物业服务资金的收支情况。当业主或者业主大会对公布的物业服务资金年度预决算和物业服务资金收支情况提出质询时，物业管理企业应当及时地作出答复。

实行物业管理服务收费酬金制，物业管理企业或者业主大会还可以按照物业服务合同的约定聘请专业机构对物业服务资金年度预决算和物业服务资金收支情况进行审计。

物业管理服务酬金制的主要优势表现为：

第一，物业服务资金使用情况透明化，可以最大限度地节约业主的支出。按照酬金制的定义，物业管理企业所收取的物业管理服务费全部用于物业服务的支出，物业管理企业只是从中按比例抽取一定的酬金。为了确保服务支出的合理性，物业管理企业应公布物业服务资金年度预决算和财务账目，并可聘请专业机构对物业服务资金年度预决算和收支情况进行审计，以维护业主的知情权。这对于物业管理企业来讲也是一种约束和监督，促使其控制服务资金的合理使用，最大限度地节约业主的支出。

第二，物业管理企业的收益比较稳定，可以促进物业管理企业持续健康地发展。在酬金制下，一旦签订了物业服务合同，物业管理企业的经营风险几乎可以忽略不计，而且其收益按照一定的比例提取，虽然提取酬金的比率不是很高，但旱涝保收，能确保物业管理企业永远处于盈利状态，在最低限度下也能促使企业持续发展下去。

3. 物业管理服务包干制和酬金制的比较

同样是提供物业管理服务，包干制和酬金制既有其相同的地方，也有各自的特点。

（1）物业管理服务包干制和酬金制的相同点表现为：

①收取的都是物业管理服务费。

②都要按照物业服务合同的约定提供物业管理服务。

③对物业的公共设施设备都没有所有权。

④所收取的按金（周转金）均为业主所有。

⑤代收代管的专项维修资金均为代业主收取和使用。

⑥对公共场地、房屋的使用都必须征得业主或业主委员会的同意。

（2）物业管理服务包干制和酬金制的不同点表现为：

①包干制物业管理使用物业管理服务费购置的固定资产等物资归物业管理企业所有，企业撤离时可以带走；而酬金制物业管

理使用所收取的物业管理服务费购置的所有物资全部归业主所有，企业撤离时不能带走。

②包干制物业管理的物业管理服务费有结余时，该结余属物业管理企业所有，如果出现亏损，也由物业管理企业承担；而酬金制物业管理的物业管理服务费无论结余还是不足，都归业主所有或由业主弥补。

③包干制物业管理所应缴纳的各种税费，都由物业管理企业承担；而酬金制物业管理除酬金发生的税费由物业管理企业承担外，其他均由业主承担，也可以由物业管理企业代缴。

④包干制物业管理的业主无权对物业管理服务费的收支情况进行审计；而酬金制物业管理则必须定期向业主大会或者全体业主公布物业服务资金年度预决算和物业服务资金的收支情况，并接受聘请的专业机构对物业服务资金年度预决算和物业服务资金收支情况进行的审计。

（三）非物业管理业务服务收费或价格的确定

非物业管理业务是指除直接向业主、使用人提供的物业管理服务业务以外，为物业管理企业带来收益的其他各项经营业务。其带来的收入包括主营业务中的物业经营收入、物业大修收入和其他业务中的各项其他业务收入等。

上述非物业管理业务与物业管理服务不同，其服务价格或商品价格的确定没有行业特殊性，与一般企业一样，都是立足于市场，根据市场需求，在考虑影响价格的各种因素的基础上，实行市场调节价。

1. 确定服务或商品价格的基础

在物业管理经营活动中，服务或商品的价格同样也是服务价值或商品价值的货币表现，价值虽然不是决定价格的唯一因素，但它决定着价格的产生和存在，是价格的基础。任何服务或商品，从其价值内容来看，用货币形式都可以表示为三个部分：

①成本费用（已消耗的生产资料价值和必要劳动创造的价值，即物质消耗和劳动报酬）；②税金（剩余劳动创造的价值由国家占有的部分）；③利润（剩余劳动创造的价值由投资者占有的部分）。

价值是形成价格的基础，在不受其他因素影响的情况下，服务收费或商品价格的高低一般由价值量的大小来决定，价值量大的服务或商品，服务收费或商品价格就高；反之，价值量小的服务或商品，服务收费或商品价格就低。在市场经济条件下，收费标准或价格标准的确定在很大程度上是受市场供求关系影响的，在一般情况下，供不应求时，价格就会上涨；供过于求时，价格就会下跌。反过来，收费标准或价格标准的高低也会引起市场供求关系的变化，在一般情况下，价格上涨时，供应量会增加，需求量会减少；价格下跌时，供应量会减少，需求量会增加。

2. 服务或商品价格的确定原则

正确确定服务收费标准或商品价格，是一件很重要的工作，关系到物业管理企业自身的营业收入。在市场经济条件下，非物业管理业务的收费标准或价格可以由物业管理企业自行与客户按照市场规则协商确定。但是，价格放开并不代表国家就不加以管理了，因为市场经济是规范化、法制化的经济。所以，企业在确定服务或商品的价格时，应当遵循以下原则：

（1）遵守国家的有关的价格政策、法规。

（2）以价值为基础，使价格基本上符合其价值量。

（3）坚持按质论价。

（4）注意市场供求情况和其他情况的变化，及时调整价格。

（5）兼顾国家、企业和消费者的利益。

3. 服务或商品价格的确定方法

一般服务收费或商品价格的确定，有以下几种方法：

（1）成本加成定价法。

成本加成定价法是在考虑服务或商品成本的基础上，加上一定利润和营业税金或销售税金，进而确定服务收费或商品价格的定价方法。其一般计算公式如下：

价格 = 单位成本费用 + 单位利润 + 单位营业（销售）税金

如果单位利润按照企业预定的成本利润率确定，单位营业（销售）税金根据国家规定的税率计算，则以上公式可以演化如下：

价格 - 单位营业（销售）税金 = 单位成本费用 + 单位利润
价格 ×（1 - 适用税率）= 单位成本费用 ×（1 + 成本利润率）
价格 = 单位成本费用 ×（1 + 成本利润率）/（1 - 适用税率）

【例 4 - 3】某物业管理企业出租一处面积为 $30m^2$ 的商业物业，通过测算，该物业每月分摊的各项成本费用合计为 40 元/m^2，如果出租收益率要求是 10%，营业税税率为 5%，则该物业每月每平方米的租金如何确定？

解：租金 = 单位成本费用 ×(1 + 成本利润率)/(1 - 适用税率)
= 40 ×（1 + 10%）/（1 - 5%）
= 40 ×（1 + 10%）/（1 - 5%）
= 46.32（元/月 · m^2）

【例 4 - 4】某物业管理企业经营的商店出售某种商品，该商品的单位进货成本为 90 元，每单位分摊该商店的各项成本费用为 10 元，成本费用利润率定为 20%，涉及的消费税税率为 40%，增值税税率为 17%，则该商品的零售价格如何确定？

解：价格 = 单位成本费用 ×(1 + 成本利润率)/(1 - 适用税率)
=（90 + 10）×（1 + 20%）/（1 - 40%）
= 100 ×（1 + 20%）/（1 - 40%）
= 200（元）

这里需要指出的是，增值税是价外税，不影响商品的价格。

（2）目标收益定价法。

目标收益定价法是在确定一定的目标收益的基础上，根据总成本和预计的销量来确定服务收费或商品价格的定价方法。这种方法是以预计销量来倒推价格，但价格又是影响销量的重要因素，因而就有可能出现达不到预计销量，实现不了预期目标收益的情况。其一般计算公式如下：

价格 = （总成本 + 目标利润）/预计销量 + 单位营业（销售）税金

目标收益率表现形式多样，所以目标利润的确定方法也各不相同。如果单位营业（销售）税金根据国家规定的税率计算，则以上公式可以演化如下：

价格 - 单位营业（销售）税金 = （总成本 + 目标利润）/预计销量

价格 × （1 - 适用税率） = （总成本 + 目标利润）/预计销量

价格 = （总成本 + 目标利润）/［预计销量 × （1 - 适用税率）］

【例4-5】某物业管理企业经营一家快餐厅，预计每天的快餐销售量为400份，餐厅每天分摊的固定费用是1 800元，每份快餐消耗材料5元，营业税税率为5%，如果该餐厅每天的目标利润是500元，则每份快餐的销售价格如何确定？

解：价格 =（总成本 + 目标利润）/［预计销量 × （1 - 适用税率）］

= （1 800 + 5 × 400 + 500） / ［400 × （1 - 5%）］

= 4 300/380

= 11.32 （元）

三、营业收入的确认

物业管理营业收入的确认是营业收入核算与管理的一项重要内容，它是指企业应当根据何种原则、于何时确认经济利益已经流入企业。

在物业管理企业所取得的收入中，既有提供劳务取得的收入，也有销售商品取得的收入，但大部分都属于提供劳务获取的收入，如物业管理服务收入、物业经营收入、物业大修收入、房屋中介代销手续费收入和商业用房经营收入中的服务性收入等。销售商品收入一般占物业管理企业营业收入的份额比较小，如商业用房经营收入中的销售商品收入等。

在营业收入的确认问题上，提供劳务和销售商品的确认原则与方法不尽相同，下面就这两类不同的收入分别加以介绍。

（一）提供劳务收入的确认

根据国家有关会计制度的规定，企业提供劳务的收入，应该按照以下情况加以确认：

（1）在同一个会计年度开始并完成的劳务，应当在完成劳务时确认收入。

一般情况下，企业应当在劳务已经提供，同时收讫价款或取得收取价款的凭证时确认为营业收入，但根据物业管理经营的特点，又有以下两种确认原则：

①物业管理企业与业主签订物业服务合同或与付款有关的协议的，应当根据合同或协议所规定的付款日期作为营业收入的实现时间。即应在这一日期确认收入，而不管物业管理企业是否收到款项。在实际情况中，公共性服务收入和公众代办性服务收入往往采用预收的方式，所以会提前收到相应款项，同时有些业主、使用人往往也会延期交纳费用，导致部分款项没有能够按期

收取。按照这一原则，必须采用权责发生制在每期结转收入，不可以采用收付实现制代替。

②物业大修收入应当在业主或业主委员会等委托方签证认可后确认为营业收入的实现。物业管理企业接受业主或业主委员会的委托，对住宅小区和商业大厦等物业进行大修理等工程施工，一般由物业管理企业自行出具价款结算账单，但必须经过业主或业主委员会等委托方签证认可后，才能作为收入处理。

（2）如果劳务的开始和完成分别属于不同的会计年度，且在期末能够对该项劳务的结果作出可靠估计的，应当在期末采用完工百分比法来确认收入。

完工百分比法包括以下两个步骤：

①确定劳务的完成程度。一般按已发生的成本占估计总成本的比例确定，计算公式如下：

劳务完成程度 = 已发生成本/估计总成本 ×100%

②计算本期应确认的劳务收入和劳务成本。计算公式如下：

应确认的劳务收入 = 劳务总收入 × 累计劳务完成程度 − 以前期已确认的劳务收入

应确认的劳务成本 = 劳务总成本 × 累计劳务完成程度 − 以前期已确认的劳务成本

其中，劳务总收入是指按照劳务合同或协议中约定的交易总金额，劳务总成本是指已发生的成本和完成整个劳务还要发生的估计成本之和。

【例 4－6】某物业管理企业去年承接了某住宅小区的大型维修工程，预计要到明年才能完成。合同总收入为 200 000 元，去年末已经确认的收入和成本分别是 60 000 元和 50 000 元，今年实际发生成本 90 000 元，估计还会发生成本 20 000 元。则今年应该确认多少营业收入？

解：劳务完成程度 = 已发生成本/估计总成本 ×100%
= (50 000 +90 000) / (50 000 +90 000 + 20 000)
=87.5%

应确认的劳务收入 = 劳务总收入 × 累计劳务完成程度 − 以前期已确认的劳务收入
=200 000 ×87.5% −60 000
=115 000（元）

应确认的劳务成本 = 劳务总成本 × 累计劳务完成程度 − 以前期已确认的劳务成本
= (50 000 +90 000 +20 000) ×87.5% − 50 000
=90 000（元）

（二）销售商品收入的确认

物业管理企业销售商品的收入，应当在同时满足下列条件时予以确认：

（1）企业已将商品所有权上的主要风险和报酬转移给购货方。

已将商品所有权上的主要风险和报酬转移给购货方是指与商品所有权有关的主要风险和报酬同时转移。

商品所有权上的风险是指商品可能发生减值或毁损等形成的损失。商品所有权上的报酬是指商品价值增值或通过使用商品等形成的经济利益。

判断企业是否已将商品所有权上的主要风险和报酬转移给购货方，应当关注交易的实质，并结合所有权凭证的转移进行考虑。通常情况下，转移商品所有权凭证并交付实物后，商品所有权上的主要风险和报酬也随之转移，如大多数的零售商品。

（2）企业既没有保留通常与所有权相联系的继续管理权，也没有对已售出的商品实施控制。

企业将商品所有权上的主要风险和报酬转移给购货方后，如仍然保留通常与所有权相联系的继续管理权，或仍对售出商品实施控制，则此项销售不能成立，不能确认相应的收入。如某物业管理企业A将一台工程设备出售给B企业，合同规定由A企业继续使用该工程设备，但创造的利润由A、B两企业共同分配。这意味着A企业仍保留了与该设备所有权相联系的继续管理权，不能确认收入。

（3）收入的金额能够可靠地计量。

企业销售商品的收入如果不能可靠地计量，也就无法确认收入。企业在销售商品时，售价通常已经确定，但在销售过程中由于某些不确定因素，也可能会出现售价变动的情况，在新的售价未确定前不应确认收入。

（4）相关的经济利益基本上能够流入本企业。

在商品交易中，相关的经济利益即销售商品的价款。销售商品的价款能否收回，是收入确认的一个基本条件。如果估计价款收回的可能性不大，即使收入确认的其他条件均满足，也不能确认收入的实现。

销售商品的价款收回的可能性有多大，主要根据企业以前和购货方交往的直接经验，或从其他方面取得的信息，或依据政府的有关政策等进行判断。当确定价款收回的可能性大于不能收回的可能性时，即可以确认收入。一般情况下，企业售出的商品符合合同或协议的要求，并已将发票账单交付对方，对方也承诺付款，即表明销售商品的价款基本上能够收回。

（5）相关的已发生或将发生的成本能够可靠地计量。

收入与成本应当配比，如果为赚取收入而发生的成本不能可靠地计量，也就不能确认收入，如已收到价款，也应作为负债处理。

销售商品收入的确认相对比较复杂，物业管理企业销售商品应同时满足以上所有条件，才能确认收入，任何一个条件没有满足，即使收到了价款，也不能确认收入。

四、营业税和增值税的计算

税收是国家为了实现其职能，凭借政治权力，按照法律规定的标准，参与社会剩余产品分配的一种形式，是国家取得财政收入的主要手段。

根据现行的税收制度，我国的税种主要以流转税、所得税为主体，同时还有资源税、财产和行为税、特定目的税等其他税种。物业管理企业在经营过程中，涉及的与营业收入相关的税种主要是流转税，包括营业税和增值税等。

（一）营业税

1. 营业税的概念

营业税是以在我国境内从事提供应税劳务、转让无形资产或销售不动产等经营业务取得的营业额为对象征收的一种流转税。

凡提供应税劳务、转让无形资产或销售不动产的单位或个人，均为营业税的纳税义务人。

物业管理企业的主要经营业务就是提供劳务，为业主、使用人提供各种物业管理服务，因此，营业税是物业管理企业在经营过程中需要缴纳的最主要的税种。

2. 营业税的税目

营业税的税目是指营业税征税对象的具体项目，是对营业税征税范围的具体化，反映了营业税征税的广度。营业税的税目如下：

（1）交通运输业。交通运输业是指使用运输工具或人力、畜力将货物或旅客送达目的地，使其发生空间位置的转移的经营业务。具体包括铁路运输、公路运输、水上运输、航空运输、管道运输、其他交通运输和交通运输辅助业等。

（2）建筑业。建筑业是指从事土木工程建筑、设备工程安装和装修装饰等工程作业的经营业务。具体包括建筑、安装、修缮、装饰和其他工程作业等。

（3）金融保险业。金融保险业是指以银行或非银行金融机构为中心，提供货币资金和信用的融通等经营业务的总称。具体包括金融业、保险业等。

（4）邮电通信业。邮电通信业是指邮政速递机构和电信机构所提供的邮件快递、电话通讯等经营业务的总称。具体包括邮政业、电信业和与邮政、电信相关的劳务等。

（5）文化体育业。文化体育业是指从事文化体育活动的各种经营业务。具体包括文艺表演、体育比赛、播映和其他文化活动等。

（6）娱乐业。娱乐业具体包括歌厅、舞厅、卡拉 OK 歌舞厅、音乐茶座、台（桌）球、高尔夫球、保龄球、游艺、网吧等。

（7）服务业。服务业是指利用相应的设备、工具、场所、信息或技能等为社会提供各种服务的经营业务。具体包括代理业、旅店业、饮食业、旅游业、仓储业、租赁业、广告业和其他服务业等。

（8）转让无形资产。转让无形资产是指以取得经济利益为前提，转让无形资产的所有权或使用权的行为。具体包括转让土地使用权、转让商标权、转让专利权、转让非专利技术、转让著作权、转让商誉等。

（9）销售不动产。销售不动产是指有偿转让不动产所有权的行为。具体包括销售建筑物和构筑物、销售其他土地附着物。

物业管理企业应纳营业税的经营业务很多，虽然大部分都属于营业税税目中的服务业，但也会涉及其他营业税税目。如物业管理企业从事的装修业务所属税目并不是服务业，而是建筑业。所以，在具体划分经营业务所属的税目时，一定要注意分析其经营业务的实质。

3. 营业税的税率

现行的营业税按照不同行业和经营业务，确定了三档税率，具体如表4－2所示：

表4－2　营业税税率与税目对应表

税　率	税　目
3%	交通运输业、建筑业、邮电通信业、文化体育业
5%	金融保险业、服务业、转让无形资产、销售不动产
5%～20%	娱乐业

4. 营业税的计税依据

依据现行的营业税税收制度，营业税的计税依据是纳税义务人提供应税劳务、转让无形资产或销售不动产向对方收取的全部价款和价外费用。所谓全部价款，包括提供应税劳务的营业额、转让无形资产的转让额或销售不动产的销售额，统称营业额。所谓价外费用，包括在价款之外收取的一切费用，如手续费、服务费等。

提供各种物业管理服务是物业管理企业主要的经营业务，也是经常发生的应纳营业税的行为，且涉及的营业税税目多为服务业。针对物业管理企业的各种物业管理服务，其有关营业税的计税规定如下：

（1）关于物业管理服务费等收入的计税。

物业管理企业为业主、使用人提供服务而收取的管理费、服务费、维修费、租赁费等，按5%的税率计收营业税。

（2）关于代办性收入的计税。

物业管理企业为业主、使用人代收代缴水费、电费、煤气费、电视费、电话费以及垃圾费等业务而取得的费用，可以按扣除实际支付给供水、供电、供气、电视、电信以及环卫等部门后的余额，以5%的税率计收营业税。

（3）关于专项维修资金的计税。

物业管理企业向业主收取的物业专项维修资金，因其属于专款专用、专户存储，所有权属于业主，物业管理企业只是代管，可暂不计收营业税。若物业管理企业是以提供劳务的形式，从专项维修资金中取得收入的，则应按5%的税率计收营业税。

5. 营业税的计算

在确定营业税适用的税率和应纳税营业额后，营业税应纳税额的计算就比较简单了，其计算公式如下：

营业税应纳税额 = 应纳税营业额 × 适用税率

【例4－7】某物业管理企业本月确认的各种管理费、服务费收入共计为65 000元，代收代缴水费、电费的手续费收入为5 000元，适用税率为5%。请计算营业税应纳税额。

解：营业税应纳税额 = 应纳税营业额 × 适用税率

= （65 000 + 5 000） × 5%

= 3 500（元）

（二）增值税

1. 增值税的概念

增值税是以从事销售货物或提供加工、修理修配劳务以及进口货物等经营业务取得的增值额为对象征收的一种流转税。与营业税不同，增值税是价外税，即在价外征收。

凡销售货物或提供加工、修理修配劳务以及进口货物的单位或个人，均为增值税的纳税义务人。

理解增值税首先从理解增值额入手。所谓增值额，从一个商品经销单位来看，是指该单位销售货物的收入额扣除为取得该货物而付出的价款后的余额。从一项货物来看，增值额是该货物在各个生产和流通环节所创造的增值额之和。

物业管理企业的主要经营业务是提供劳务，涉及的主要是营业税，但物业管理企业在营业过程中也可能会出现销售货物等情况，如物业管理企业其他经营业务中的商业用房经营业务，就有可能涉及销售货物，在这种情况下，物业管理企业就需要缴纳增值税，而不是营业税。

2. 增值税一般纳税人和小规模纳税人的区别

考虑到纳税人的会计核算能力，为了方便税收管理，与营业税不同的是，增值税的纳税人划分为一般纳税人和小规模纳税人两种。划分一般纳税人和小规模纳税人的基本依据是纳税人的会计核算是否健全，是否能够提供准确的税务资料以及企业规模的大小。

增值税一般纳税人和小规模纳税人的区别主要有：

（1）增值税应纳税额的计算方法不同。

一般纳税人采用的是抵扣制，即将销项税额扣除进项税额后的余额作为应纳税额。

小规模纳税人则按照一个确定的征收率直接计算应纳税额。

（2）使用增值税专用发票的权限不同。

一般纳税人可以开具增值税专用发票，而小规模纳税人只能开具普通销售发票。

3. 增值税的税率和征收率

现行的增值税税率和适用于小规模纳税人的征收率主要有以下几种规定：

（1）基本税率。销售或进口货物，除列举的外，税率为17%；提供加工、修理修配劳务的，税率为17%。

（2）低税率。销售或进口下列货物，税率为13%：①粮食、食用植物油；②自来水、暖水、冷水、热水、煤气、石油液化气、天然气、沼气、居民用煤炭制品；③图书、报纸、杂志；④饲料、化肥、农药、农机、农膜；⑤农产品；⑥金属矿采选产品；⑦非金属矿采选产品；⑧国务院规定的其他货物。

（3）零税率。出口货物的税率为零，国务院另有规定的除外。

（4）商业企业小规模纳税人的征收率为4%，商业企业以外的其他企业属于小规模纳税人的，征收率为6%。

4. 一般纳税人增值税的计算

一般纳税人增值税应纳税额为当期销项税额抵扣当期进项税额后的余额，其通常的计算公式如下：

增值税应纳税额 = 当期销项税额 - 当期进项税额

销项税额 = 销售额 × 增值税税率

进项税额 = 不含税的进货款 × 增值税税率

【例4-8】某物业管理企业经营的商店为一般纳税人，本月买进一批商品，价款为10 000元，之后以15 000元卖出，增值税税率为17%。请计算增值税应纳税额。

解：销项税额 = 销售额 × 增值税税率

= 15 000 × 17% = 2 550（元）

进项税额 = 不含税的进货款 × 增值税税率

= 10 000 × 17% = 1 700（元）

增值税应纳税额 = 当期销项税额 - 当期进项税额

= 2 550 - 1 700 = 850（元）

从以上例子可以看出，该商店实际上只是按照该商品的收入额扣除该商品进货价款后的余额即增值额（15 000 - 10 000 = 5 000）来缴纳税款（5 000 × 17% = 850）。

5. 小规模纳税人增值税的计算

对小规模纳税人增值税应纳税额采取的是简化的计算方法，就是直接用不含税的销售额乘以相应征收率得到，不得抵扣进项税额，进项税额直接计入有关货物、劳务成本。其一般计算公式如下：

增值税应纳税额＝不含增值税销售额×征收率

由于小规模纳税人开具的是普通销售发票，发票上列明的是含税销售额，所以，在计税时需要将其换算为不含税销售额。换算后的计算公式为：

增值税应纳税额＝含增值税销售额/（1＋征收率）×征收率

【例4－9】某物业管理企业经营的商店为小规模纳税人，本月销售额为50 000元，假定征收率为6%。请计算增值税应纳税额。

解：增值税应纳税额＝含增值税销售额/（1＋征收率）×征收率
＝50 000/（1＋6%）×6%
＝2 830（元）

第二节　费用与成本

一、成本费用的概念

（一）成本费用的含义

成本费用是企业在日常经营活动中，为生产产品、提供劳务或销售商品而发生的各种可以用货币衡量的资产耗费。

企业在生产产品、提供劳务和销售商品的过程中，必然要发生各种耗费，主要包括原材料、辅助材料、燃料等劳动对象上的耗费；机器设备、房屋、建筑物等劳动手段的耗费；人工等劳动报酬上的耗费。以上各种耗费分别以物资消耗、折旧、工资等形式计入成本费用。

物业管理企业成本费用是指物业管理企业在日常经营活动中，为业主、使用人提供维修、管理和服务等过程中发生的各项支出和开展其他业务活动所发生的各种耗费。

（二）成本和费用的区别

在实际工作中，成本和费用是有区别的，是两个不同的概念。其主要区别如下：

第一，支出表现不同。从企业经营活动的过程来看，成本一般表现为一定种类、一定数量的产品或服务的直接消耗，即成本可以确认为某种产品或服务的直接支出，其付出与该项产品或服务的收入直接相关。而费用是以整个企业为出发点，为企业整体的利益而发生的各种消耗，它的支出与整个企业有密切关系，但与特定的产品或服务并非直接相关，即其付出与某一项产品或服务的收入没有直接的联系。

第二，确定期间不同。成本一般是按照一定对象的生产经营过程是否完成来确定的，而费用一般是按照会计期间来确定的。

二、成本费用的作用

物业管理企业经营活动的一切支出最终都要从成本费用上得到反映。成本费用作为经营消耗补偿的最低界限是制定价格的基础，是企业进行经营决策的重要依据，其水平的高低不仅体现出成本费用管理和控制的好坏，而且直接影响到企业利润的大小。因此，在企业经营活动过程中，成本费用具有十分重要的意义。

（1）成本费用是反映和补偿经营消耗的工具和尺度。

首先，最大限度地节约社会资源，以比较少的经营耗费创造尽可能多的经济效益，这是经济发展的客观要求。在现阶段，企业的很多经营耗费还不能直接地、绝对地加以计算，而只能通过成本费用间接地、相对地反映出来。所以成本费用可以成为反映和衡量经营消耗的工具。

其次，为了保证企业能够持续不断地开展经营业务，需要对其经营消耗进行补偿。在企业经营过程中，经营消耗是通过自己的营业成果即营业收入来补偿的，而成本费用就是衡量这一补偿份额大小的尺度。

（2）成本费用可以综合反映企业的经营管理质量，推动企业提高其经营管理水平。

成本费用是表明企业经营管理质量的一个重要的综合指标，它在很大程度上反映着企业各方面经营活动的成效。劳动生产率的高低，材料物资消耗的多少、设备利用是否充分有效等，都能够在成本费用中体现出来。通过对成本费用的对比分析，可以及时发现企业经营管理中的节约和浪费情况，揭示企业在管理上存在的问题和薄弱环节，从而总结经验，采取措施，改进经营管理，不断降低企业的经营消耗，从而取得最大的经济效益。因此，成本费用在促进企业提高经营管理水平，增加经济效益等方面起着重要的作用。

（3）成本费用是制定产品或服务价格的重要依据。

价格是价值的货币表现，产品或服务的价格应当大体上符合它的价值。在现阶段，人们还不能够直接计算产品或服务的价值，而只能计算其成本费用，通过成本费用间接地掌握其价值。所以，成本费用就成为制定价格的重要依据。

企业通过成本费用制定价格时，必须考虑到成本费用的高低，一般情况下，价格应当大于成本费用，使其价值尽可能地得到体现。

三、成本费用的分类

物业管理企业的成本费用多种多样，为了便于管理，必须对其进行合理的分类。

（一）按费用的经济内容分类

根据费用的经济内容，成本费用可以划分为若干要素，具体为以下各项：

1. 外购材料

外购材料是指物业管理企业耗用的一切从外单位购进的各种材料，包括辅助材料、燃料和动力、构配件、零件、低值易耗品、包装物等。

2. 工资

工资是指物业管理企业支付给职工的劳动报酬。

3. 提取的职工福利费

职工福利费是指物业管理企业按照工资总额的一定比例计提的职工的职工福利费。

4. 折旧费

折旧费是指物业管理企业按照规定的固定资产折旧范围和折旧方法计算提取的固定资产折旧费用。

5. 利息支出

利息支出是指物业管理企业财务费用中各项债务的利息支出减去利息收入后的净额。

6. 税金

这里讲的税金是指应计入物业管理企业管理费用的各种税金，如房产税、车船使用税、土地使用税、印花税等。

7. 其他支出

其他支出是指不属于以上各种要素的费用支出，如差旅费、邮电通讯费、租赁费、保险费等。

按照经济内容分类，是把属于同一性质的全部费用归集到一起，而不考虑它们的具体用途和发生地点。这种分类方法有利于企业对成本费用进行计量和核算。

（二）按费用的经济用途分类

根据费用的经济用途，可以将成本费用划分为若干项目，具体如下：

1. 营业成本

物业管理企业的营业成本是指物业管理企业在从事物业管理服务活动中，为业主、使用人提供维修、管理和服务等经营业务所发生的各项直接支出。

按照计入营业成本方式的不同，营业成本又可以分为直接费用和间接费用两种。

（1）直接费用。直接费用是指物业管理企业在从事物业管理服务活动中所发生的直接人工费、直接材料费和其他直接费。

①直接人工费是指物业管理企业中直接从事物业管理服务活动的人员的工资、奖金等。

②直接材料费是指物业管理企业在从事物业管理服务活动中直接消耗的各种材料、辅助材料、燃料和动力、构配件、零件、低值易耗品、包装物等。

③其他直接费是指物业管理企业发生的除直接人工费和直接材料费以外，与从事物业管理服务活动有直接关系的各种费用。

直接费用应当根据其发生的实际数进行核算，按照物业管理服务项目进行归集，直接计入物业管理服务项目的营业成本。

（2）间接费用。间接费用是指物业管理企业中各部门管理人员的工资、奖金及职工福利费，固定资产折旧费及修理费、水电费、取暖费、办公费、差旅费、邮电通讯费、交通运输费、租赁费、劳动保护费、低值易耗品摊销及其他费用等。

间接费用应当按照一定的程序和方法进行分配，计入相关物业管理服务项目的营业成本。实行一级成本核算的物业管理企业可以不设间接费用，有关支出直接计入管理费用。

此外，营业成本还包括物业管理企业所属各物业管理单位（小区管理处）经营共用设施设备支付的有偿使用费和对管理用房进行装修、装饰发生的各项支出以及其他经营业务发生的各项支出。因此，营业成本按照与取得收入配比的原则，又分为主营业务成本和其他业务支出。主营业务成本包括物业管理成本、物业经营成本、物业大修成本，其中，物业管理成本又包括公共性服务成本、公众代办性服务成本和特约服务成本。

2. 期间费用

物业管理企业的期间费用是指物业管理企业当期发生的必须从当期收入中得到补偿的与物业管理服务活动没有直接联系的费用。由于它仅与当期实现的收入有关，必须计入当期的损益，所以称为期间费用。物业管理企业的期间费用主要包括管理费用和财务费用。

（1）管理费用。管理费用是指物业管理企业行政管理部门为了组织和管理物业管理企业的经营活动所发生的各种费用。包括公司经费，工会经费，职工教育经费，劳动保险费，社会保险费，董事会费，咨询费，审计费，诉讼费，排污费，绿化费，税金，土地使用费，土地损失补偿费，技术转让费，技术开发费，无形资产摊销，开办费摊销，业务招待费，坏账损失，存货盘亏、毁损和报废（减盘盈），其他管理费用等。

以上管理费用比较繁杂，有些管理费用本身又包含很多具体的内容，如：

公司经费：既包括公司总部管理人员的工资、奖金及职工福利费，也包括办公费、差旅费、折旧费、修理费、低值易耗品摊销及其他的公司经费等。

劳动保险费：即企业支付退休职工的退休金、价格补贴、医药费、退职金、6个月以上病假人员工资、职工死亡丧葬补助费及抚恤费等。

社会保险费：是企业按照国家规定为职工投保社会保险而支付的由企业承担的那部分费用，包括养老保险、工伤保险、失业保险和医疗保险等。

董事会费：是董事会及其成员为履行职责而发生的费用，包括差旅费、会议费等。

税金：这里讲的税金是指按规定列入管理费用的税金，包括房产税、车船使用税、土地使用税、印花税等。

业务招待费：即企业为业务经营的合理需要在年销售净额一定比例之内支付的费用。

（2）财务费用。财务费用是指物业管理企业为了筹集资金而发生的各项费用。包括利息支出、汇兑损失、银行及金融机构手续费和企业筹资发生的其他财务费用等。

①利息支出是指物业管理企业在经营期间发生的各项债务的利息支出减去利息收入后的净额。

②汇兑损失是指物业管理企业已经收入的外币资金在使用时，已经发生的外币债权、债务在偿还时，由于时间和汇率的不同而发生的折合为记账本位币的汇兑净损失（汇兑损失减去汇兑收益），以及不同货币兑换时由于兑换时的汇率与账面汇率不同而发生的折合为记账本位币的汇兑净损失。

③银行及金融机构手续费是指物业管理企业因为筹资和办理各种结算业务，而支付给银行或其他金融机构的各种手续费。

④企业筹资发生的其他财务费用是指物业管理企业发生的除以上财务费用外，与筹资有关的各种费用。

以费用的经济用途作为分类依据，物业管理成本费用的分类构成可以表示如下（见图4－2、图4－3）：

- 成本费用
  - 营业成本
    - 直接费用
      - 直接人工费
      - 直接材料费
      - 其他直接费用
    - 间接费用
  - 期间费用
    - 管理费用
    - 财务费用

图 4－2　物业管理成本费用分类构成图（按计入营业成本方式）

- 成本费用
  - 营业成本
    - 主营业务成本
      - 物业管理成本
        - 公共性服务成本
        - 公众代办性服务成本
        - 特约服务成本
      - 物业经营成本
      - 物业大修成本
    - 其他业务支出
  - 期间费用
    - 管理费用
    - 财务费用

图 4－3　物业管理成本费用分类构成图（按与收入配比原则）

以上构成图中，图 4－2 是按照计入营业成本的方式不同来分类，图 4－3 是按照营业成本与取得收入相配比的原则进行分类的。

四、不得列入成本费用的支出

依据现行的会计制度，如果是与生产经营活动无关的各项资本性支出，应当遵守资本性支出的要求，严格按照有关规定处理，不能直接计入成本费用。同时，对于许多支出，国家也规定有开支标准，企业不能随意列入成本费用。

遵守国家规定的成本开支范围和费用开支标准，既能保证成本费用的真实性，使同类企业以及企业本身不同时期的成本费用内容一致，具有可比性，又能正确计算企业的利润并进行分配。所以严格遵守成本开支范围和费用开支标准这一财经纪律，是国家对企业核算成本费用提出的一项基本要求，每个企业都应当遵照执行。

按照有关规定，企业不得列入成本费用的支出包括：

（1）购置和建造固定资产、无形资产和其他资产的支出。

（2）对外投资支出。

（3）被没收的财产，支付的滞纳金、罚款、违约金、赔偿金。

（4）企业的赞助、捐赠支出。

（5）国家法律法规规定标准之外的各种付费。

（6）国家规定不得列入成本、费用的其他支出。

第三节　利　润

一、利润的构成

利润是物业管理企业在一定时期内进行经营所取得的主要财务成果，是由一定会计期间内经营活动所获得的各项收入抵减各项支出后形成的。从整个社会来看，利润是社会再生产的重要资金来源；从企业来看，利润是企业生存与发展的必要条件，也是评价一个企业经营状况的重要指标。

物业管理企业的利润按其来源及构成的不同，可以分为主营业务利润、营业利润、利润总额和净利润。

物业管理企业上述的利润构成可以用如下公式表示：

营业利润＝营业收入－（营业成本＋营业税金及附加＋销售费用＋管理费用＋财务费用＋资产减值损失）＋公允价值变动损益＋投资收益

利润总额＝营业利润＋营业外收入－营业外支出

净利润＝利润总额－所得税费用

（一）净利润

净利润又称税后利润，是物业管理企业在缴纳所得税后最终的经营成果，可用于利润分配，是利润总额扣除所得税后的金额。

（二）利润总额

利润总额也称税前利润，是物业管理企业在缴纳所得税前的全部经营成果，指正常经营活动带来的营业利润，加上与物业管理企业经营活动没有直接关系的营业外收支净额。

（三）营业利润

营业利润体现了物业管理企业从事正常的物业管理经营业务所获取的全部净收益，包括其主营业务和其他业务，是营业收入扣除营业成本、营业税金及附加、管理费用、财务费用、资产减值损失后加上公允价值变动损益、投资收益的结果。

（四）投资净收益

投资净收益是物业管理企业对外投资所获得的投资收益扣除投资损失后的净额。

投资收益主要包括：①对外投资所分得的利润、股利和债券利息；②投资到期收回或中途转让取得的款项高于原投资账面价值的差额；③股权投资按权益法进行核算时，在被投资企业增加的净资产中所拥有的数额。

（五）营业外收支净额

营业外收支净额与物业管理企业经营活动没有任何直接的关系，是在企业经营活动之外形成的营业外收入减去营业外支出后的净额。

营业外收入主要包括：①固定资产盘盈和出售的净收益；②罚没收入；③因债权人原因而无法支付的应付账款；④教育费附加返还款等。

营业外支出主要包括：①固定资产盘亏、报废、毁损和出售的净损失；②非季节性和非大修理期间的停工损失；③职工子弟学校经费和技工学校经费；④非常损失；⑤公益救济性捐赠；⑥赔偿金；⑦违约金等。

二、利润预测

利润预测是企业经营管理的一个重要方面，是企业在营业收入预测的基础上，通过对劳务量、服务成本以及其他对利润发生影响的因素进行分析和研究，对企业未来某一时期可以实现利润的预计和测算。正确的利润预测可以为物业管理企业的经济决策提供可靠的依据，可以发现经营活动中存在的问题，有利于改善经营管理，提高物业管理企业的经济效益。

在利润总额中，一般情况下营业利润所占的比重最大，往往是利润预测的重点。利润预测的方法有很多，最常用的有本量利分析法、相关比率法和因素测算法。

（一）本量利分析法

本量利分析法也称损益平衡分析法，它主要根据成本、业务量和利润三者之间的变化关系，分析某一因素的变化对其他因素的影响。本量利分析法既可用于利润预测，也可以用于成本和业务量的预测。

本量利分析是以成本性态研究为基础的，所谓成本性态是指成本总额与业务量的依存关系。成本按照其性态可以划分为：①固定成本。固定成本是指在一定的业务量范围内，不受业务量影响的成本。②变动成本。变动成本是指随着业务量的增长而成正比例增长的成本。③混合成本。混合成本介于固定成本和变动成本之间，是指随着业务量的增长而增长，但不成正比例增长的成本，可以将其分解成固定成本和变动成本两部分。

本量利分析法用于利润预测的一般计算公式可以表示如下：

利润 = 营业收入 - 总成本
= 营业收入 - 变动成本 - 固定成本
= 单价 × 业务量 - 单位变动成本 × 业务量 - 固定成本
= （单价 - 单位变动成本） × 业务量 - 固定成本

如果考虑到需要缴纳的价内营业（销售）税金，以上的计算公式可以演变为：

利润 = [单价 × （1 - 税率） - 单位变动成本] × 业务量 - 固定成本

在以上相关的五个变量中，给定其中的四个，便可以求出另一个变量的值。因此，上述公式还可以换成以下形式：

业务量 =（固定成本 + 利润）/ [单价 × （1 - 税率） - 单位变动成本]

单价 = [（固定成本 + 利润）/业务量 + 单位变动成本] / （1 - 税率）

单位变动成本 = [单价 × （1 - 税率）] - （固定成本 + 利

润）/业务量

固定成本 =［单价×（1－税率）－单位变动成本］×业务量－利润

【例 4－10】某物业管理企业经营一家商业广场，共有商铺 500 个。企业每月须固定向业主上缴租金收益为 400 000 元，每月发生的各项固定开支为 20 000 元。商铺如果出租出去，企业每月为每个商户提供各类管理服务的费用为 100 元。如果每个商铺的平均月租金标准为 2 000 元，预计商业广场的出租率为 80%，营业税税率为 5%。请预测该物业管理企业的经营利润。

解：利润 =［单价×（1－税率）－单位变动成本］×业务量－固定成本

=［2 000×（1－5%）－100］×（500×80%）－（400 000＋20 000）

=300 000（元）

【例 4－11】仍依上例，如果该物业管理企业希望每月得到的最低经营利润为 120 000 元，则该商业广场应该维持的最低商铺出租率是多少？

解：业务量 =（固定成本＋利润）/［单价×（1－税率）－单位变动成本］

=（400 000＋20 000＋120 000）/［2 000×（1－5%）－100］

=300（户）

出租率 =300/500 =60%

（二）相关比率法

企业一定时期所实现的利润多少，往往与营业收入等指标密切相关。一般来说，企业的利润与营业收入是正相关的，相关比率法就是根据利润与营业收入之间的内在关系，对计划期间的利润进行预测的一种方法，常用的相关比率一般为营业收入利润率。营业收入利润率可以以基期数据为基础，并考虑到计划期的有关变动因素来确定，也可以根据行业平均水平来确定。

相关比率法的计算公式为：

利润 = 预计营业收入 × 预计营业收入利润率

【例4－12】某物业管理企业基期的营业收入利润率为15%，根据对市场的预测分析，计划期的营业收入利润率与基期相同，预计企业的营业收入为400万元。请预测该物业管理企业计划期的利润额。

解：利润 = 预计营业收入 × 预计营业收入利润率
= 400 × 15%
= 60（万元）

（三）因素测算法

因素测算法是在上年利润水平的基础上，充分考虑计划年度影响利润增减变动的各项因素，进而测算出企业计划年度的利润额。

因素测算法的计算公式为：

利润 = 上年利润 ×（1 ± 预计利润增减率）

【例4－13】某物业管理企业上年利润为30万元，预计在计划年度受到某有利因素的影响，利润可以增加5%。请预测该物业管理企业计划年度的利润额。

解：利润 = 上年利润 ×（1 ± 预计利润增减率）
= 30 ×（1 + 5%）
= 31.5（万元）

三、利润分配

利润分配是指物业管理企业根据国家有关规定和企业章程、投资者协议等，对企业当年可供分配的利润所进行的归属划分。正确处理国家与企业、企业与投资者之间的利润分配关系，是一个十分重要的问题。随着市场经济体制改革的深入，我国先后确立了企业基金制度、利润留成制度等有关利润分配制度，对调整利益分配格局，发展社会生产，扩大企业经营自主权，增强企业活力等方面，都起了积极的作用。

（一）利润分配的原则

利润分配体现的是对利润最终归属的划分，对其划分的过程应该加以合理的管理和严格的规范，确保利润分配能够顺利进行。根据多年的实践，利润的分配一般应遵循以下几项基本原则：

1. 遵守国家有关的法律法规

国家规范企业利润分配的法律法规主要体现在企业组织制度、财务制度、税收制度等方面。这些法律法规规定了企业利润分配的基本原则、分配次序和比例等，企业应当认真执行。

2. 坚持全局观念，兼顾各方利益

利润分配必须兼顾国家、企业、投资者、经营者和职工的利益。利润分配是否合理，直接影响到国家的经济建设和各方投入资产和开展经营的积极性。因此，利润分配不能只强调长远利益和共同利益，而忽视投资者、经营者和职工的近期利益和局部利益，挫伤其投资和经营的积极性，也不能只顾短期利益而损害企业的长远发展。

正确的做法应该是加强全局意识，兼顾各方利益，既要保证国家对资金集中的需要，又要考虑增强企业的活力，促使其持续健康地发展，也要保障投资者的合法权益和企业职工的切身利益。在经济增长、效益提高的基础上，尽量做到国家多收，企业多留，投资者多分，职工多得。

3. 保护债权人的权利

利润分配中要体现对债权人权利的充分保护，这就要求企业在分配利润之前，必须确保偿清所有的到期债务，不得故意拖欠债务。在到期债务偿清之前，进行任何的利润分配都是对债权人权利的严重损害。同时，企业在利润分配之后，还应该维持一定的偿债能力，不能因为利润分配而造成企业财务枯竭，最终损害债权人的利益。

（二）利润分配的顺序和内容

利润分配的顺序和内容主要包括以下两个部分：

1. 税前利润分配

（1）税前利润弥补亏损。

企业发生经营性亏损后，应由企业自行弥补。当年亏损可以用下一年度的税前利润弥补，下一年度不足以弥补的，可以在5年内延续弥补，5年内不足以弥补的，用税后利润弥补。

（2）缴纳企业所得税。

企业的利润总额在依法缴纳所得税前，首先要按照国家有关制度规定对计税利润的项目作出相应的调整，按照调整后的利润（应纳税所得额）缴纳所得税。

2. 税后利润分配

除国家另有规定外，企业缴纳所得税后的利润，按照下列顺序分配：

（1）被没收的财物损失，支付各项税收的滞纳金和罚款。

（2）弥补企业以前年度亏损。

（3）提取法定盈余公积金。法定盈余公积金按照税后利润扣除前两项后按国家规定的比例提取，主要用于弥补亏损和转增资本金。

（4）提取法定公益金。法定公益金在提取法定盈余公积金之后，按国家规定的比例提取，主要用于企业职工的集体福利设施。

（5）提取任意盈余公积金。任意盈余公积金在提取法定盈余公积金和法定公益金之后，按企业确定的比例计算提取，是否提取由企业自行决定。企业任意盈余公积金也用于弥补亏损和转增资本金。

（6）向投资者分配利润。企业以前年度未分配的利润，可以并入本年度向投资者分配。企业当年无利润不得向投资者分配利润。

对于股份制物业管理企业，可供投资者分配的利润按照下列顺序分配：①支付优先股股利；②支付普通股股利；③转作资本（股本）的普通股股利。

经上述分配后的利润余额为未分配利润，未分配利润可以留待以后年度进行分配。企业如发生亏损，在亏损未弥补完之前，不得提取盈余公积金，在提取盈余公积金之前，不得向投资者分配利润。

四、企业所得税的计算

（一）企业所得税的概念

企业所得税是以企业等各类组织取得的生产经营所得和其他所得为征税对象所征收的一种税。

除个人独资企业和合伙企业外，其他凡取得收入的各类组织，包括依照中国法律、行政法规在中国境内成立的企业、事业单位、社会团体以及其他取得收入的组织，均为企业所得税的纳税义务人。

我国从2008年1月1日起实行统一的企业所得税制度，无论外资企业还是内资企业，均适用统一的企业所得税税率。

（二）企业所得税的征税范围

企业所得税的征税范围是指企业以货币形式或非货币形式通过各种来源取得的收入，包括：

（1）销售货物收入。销售货物收入是指企业销售商品、产品、原材料、包装物、低值易耗品以及其他存货取得的收入。

（2）提供劳务收入。提供劳务收入是指企业从事建筑安装、修理修配、交通运输、仓储租赁、金融保险、邮电通信、咨询经纪、中介代理、文化体育、科学研究、教育培训、卫生保健、社区服务、餐饮住宿、旅游、娱乐、加工以及其他劳务服务活动所取得的收入。

（3）转让财产收入。转让财产收入是指企业转让固定资产、生产物资、无形资产、股权、债权等财产取得的收入。

（4）股息、红利等权益性收入。股息、红利等权益性收入是指企业因权益性投资从投资对象那里取得的收入。

（5）利息收入。利息收入是指企业在不构成权益性投资的情况下将资金提供给他人使用所取得的收入，包括存款利息、贷款利息、债券利息、欠款利息等。

（6）租金收入。租金收入是指企业将固定资产、包装物或者其他有形资产的使用权转让给他人使用取得的收入。

（7）特许权使用费收入。特许权使用费收入是指企业允许他人使用自己的专利权、非专利技术、商标权、著作权及其他特许权取得的收入。

（8）接受捐赠收入。接受捐赠收入是指接受来自其他企业、组织或个人无偿给予的各类资产。

（9）其他收入。其他收入是除以上八项之外的收入，包括企业资产溢余收入、逾期未退押金收入、确实无法偿还的应付账款、已做坏账损失处理又收回的应收账款、债务重组收入、补贴收入、违约金收入、汇兑收益等。

同时，依照国家有关税法规定，下列收入为不征税收入：

（1）财政拨款。财政拨款是指各级人民政府对纳入预算管理的事业单位、社会团体等组织拨付的财政资金，但国务院和国务院财政、税务主管部门另有规定的除外。

（2）依法收取并纳入财政管理的行政事业性收费、政府性基金。

行政事业性收费是指依照法律法规等有关规定，在实施社会公共管理，以及向公民、法人或其他组织提供特定服务过程中，向特定对象收取并纳入财政管理的费用。

政府性基金是指企业依照法律法规等有关规定，代政府收取的具有专项用途的财政资金。

（3）国务院规定的其他不征税收入。国务院规定的其他不征税收入是指企业取得的，由国务院财政、税务主管部门规定专项用途并经国务院批准的财政性资金。

（三）准予在税前进行扣除的项目

按照国家有关税法的规定，企业实际发生的与取得收入有关的、合理的支出，准予在计算应纳税所得额时扣除，主要包括：

（1）成本。成本是指企业在生产经营活动中发生的营业成本、销货成本、业务支出以及其他耗费等。

（2）费用。费用是指企业在生产经营活动中发生的营业费用、销售费用、管理费用、财务费用等。

（3）税金。税金是指企业发生的除企业所得税和增值税之外的各项税金及附加。增值税属于价外税，所以不在扣除之列。

（4）损失。损失是指企业在生产经营活动中发生的固定资产和存货的盘亏、毁损、报废等损失、转让财产损失、坏账损失、因自然灾害等不可抗力造成的损失等。

（5）亏损。企业纳税年度发生亏损，准予向以后年度结转，用以后年度的所得弥补，但结转年限最长不超过5年。

（6）其他支出。其他支出是指企业除成本、费用、税金、损失之外，在生产经营活动中发生的与生产经营活动有关的、合理的支出。

同时，依照国家有关税法规定，下列项目不准予扣除：

（1）向投资者支付的股息、红利等权益性投资收益款项；

（2）企业所得税税款；

（3）税收滞纳金；

（4）罚金、罚款和被没收财物的损失；

（5）非公益性的捐赠支出；

（6）非广告性赞助支出；

（7）未经核定的准备金支出；

（8）与取得收入无关的其他支出。

（四）企业所得税的税率

按照现行税法的规定，企业所得税的税率统一为25%。但在下列情况下，可以分别享受20%、15%的优惠税率。

（1）对于符合一定条件的小型微利企业，减按20%的税率征收企业所得税。

（2）对于国家重点扶持的高新技术企业，减按15%的税率征收企业所得税。

所以，我国现行的企业所得税的税率统一按25%征收，同时辅以20%、15%的优惠政策。

（五）企业所得税的计算

计算企业所得税首先应该确定企业的应纳税所得额，应纳税所得额的计算方法有两种，其计算公式如下：

应纳税所得额＝收入总额－准予扣除的项目

或

应纳税所得额 = 利润总额 − 弥补以前年度亏损 +
纳税调整增加额 − 纳税调整减少额

在具体应用上，为了计算方便，应纳税所得额一般都是采用第二种方法，以利润总额为基础，加减税收调整项目后得到的。

确定企业应纳税所得额后，根据适用的税率，就可以直接计算出企业应纳所得税税额，计算公式如下：

应纳所得税税额 = 应纳税所得额 × 税率

【例 4 − 14】 某物业管理企业本年度利润总额为 280 000 元，用税前利润弥补上年度亏损 20 000 元，全年实际支付工资为 180 000元，其中允许扣除的计税工资为 150 000 元，企业所得税税率为 25%。请计算企业应纳所得税税额。

解：应纳税所得额 = 利润总额 − 弥补以前年度亏损 +
纳税调整增加额 − 纳税调整减少额
= 280 000 − 20 000 + 180 000 − 150 000
= 290 000（元）

应纳所得税税额 = 应纳税所得额 × 税率
= 290 000 × 25%
= 72 500（元）

思考题

1. 试述物业管理企业主营业务收入的内容。
2. 简述物业管理企业的其他业务收入的内容。
3. 简述物业管理公共性服务收费标准的确定原则。

4. 公众代办性服务收费的确定。

5. 试述物业管理服务包干制的主要优势。

6. 试述物业管理服务酬金制的主要优势。

7. 说明物业管理服务包干制和酬金制的异同。

8. 简述服务或商品价格的确定原则。

9. 试述提供劳务的收入的确认方法。

10. 试述物业管理企业销售商品收入确认的条件。

11. 某物业管理企业本月确认的各种管理服务费收入共计为30万元，代收代缴水费、电费的手续费收入为2万元，适用税率为5%。请计算营业税应纳税额。

12. 说明增值税一般纳税人和小规模纳税人的区别。

13. 如何理解成本和费用的区别?

14. 试述成本费用的作用。

15. 根据费用的经济内容，成本费用可以划分为哪些项目?

16. 根据费用的经济用途，成本费用可以划分为哪些项目?

17. 企业不得列入成本费用的支出包括哪些?

18. 简述物业管理企业利润的构成。

19. 试述利润分配的基本原则。

20. 说明利润分配的程序和内容。

21. 简述准予在所得税前进行扣除的项目。

22. 简述不准予在所得税前进行扣除的项目。

23. 某物业管理企业本年度利润总额为98万元，用税前利润弥补上年度亏损8万元，全年实际支付工资为33万元，其中允许扣除的计税工资为28万元，企业所得税税率为25%。请计算企业所得税应纳税额。

第五章　物业管理企业的会计报表

学习目标

通过本章的学习，要求了解、掌握下列内容：

①资产负债表、利润表与利润分配表、现金流量表的作用、结构、内容和编制方法；

②各类会计报表所反映的财务信息。

会计报表是反映企业财务状况、经营成果及资金变动情况等信息的总结性书面文件，是物业管理企业向它的信息使用者提供财务信息的基本形式。它以会计账簿记录为依据，按照统一规定的格式、内容、结构和要求，定期编制而成，是会计核算的最终成果。

在物业管理企业日常的会计核算中，企业发生的各项经济业务都已按照一定的程序，在有关的账簿中进行了全面、连续、分类、汇总的记录和计算。企业一定日期的财务状况和一定时期的经营成果，在日常的会计记录里已经得到反映。但是，这些日常核算的资料数量太多，而且比较分散，不能集中地、概括地反映企业的财务状况、经营成果及资金变动情况。企业的经营管理者、投资人、债权人和政府有关管理部门以及其他与企业有利益关系的单位和个人等财务信息使用者，还不能直接使用这些分散的会计记录来对企业的财务状况、经营成果进行分析和评价，并据此作出正确的决策。

所以，为了向各个不同的信息使用者提供更为综合、简洁的财务信息，就需要对会计的日常核算资料作进一步的分类、调整、汇总，并以表格或文字的形式，也就是以会计报表的形式予以表现。因此，会计报表体现的是会计信息系统的一项输出功能，是各项经济业务数据经过会计核算程序处理后的最终产品。它的目的与财务会计的目的一致，即为不同的信息使用者提供其进行经济决策所需要的财务信息。

会计报表是提供财务信息的基本形式，提供的财务信息不同，报表的格式、内容、结构和要求也各不相同。按照国家现行的有关财务制度，财务会计报表主要包括资产负债表、利润表及利润分配表、现金流量表和其他明细报表、附表等。

第一节　资产负债表

一、资产负债表及其作用

（一）资产负债表的概念

资产负债表是反映企业在某一特定日期（如年末、季末、月末）财务状况的会计报表。由于资产负债表反映的是某一时点上的情况，所以又被称为“静态报表”。其中，财务状况是指企业在特定日期的资产、负债和所有者权益的构成状况和比例关系。

资产负债表是根据“资产 = 负债 + 所有者权益”这一会计基本等式，按照一定的分类标准和顺序，把企业在特定日期（如公历每年 12 月 31 日）的资产、负债和所有者权益各项目排列编制而成的。

（二）资产负债表的作用

资产负债表是企业的基本会计报表之一，它的作用是为不同的信息使用者提供相关的财务状况信息，满足他们进行经济分析和决策的需要。具体表现为：

（1）反映企业所拥有和控制的经济资源及这些资源的分布和构成信息。企业所拥有的经济资源状况的信息，可以用来表明企业资源分布的合理性，说明其资本结构的健康状态。

（2）反映企业所负担的长期债务和短期债务的数量以及偿还期限的长短。企业负债水平及其构成等信息，可以用于分析说明企业的财务风险，增强其对经营风险的防御意识。

（3）反映企业的投资者对本企业资产所持有的权益数量。

所有者权益是剩余权益，可以表明投资者的资产在企业中的经营状态，从某种角度也可以体现企业的偿债能力。

（4）通过不同时期资产负债表的对比，可以客观地反映企业财务状况的发展趋势。不同时期资产负债表的比较，不仅有助于了解企业财务状况的变动趋势，还可以强化对企业财务状况的全面认识。

二、资产负债表的结构和内容

（一）资产负债表的格式

资产负债表的格式有两种：一种是报告式，一种是账户式。

1. 报告式

报告式资产负债表将资产、负债、所有者权益项目依次自上而下排列，是按照“资产 - 负债 = 所有者权益”的会计平衡等式来编排的。

2. 账户式

账户式资产负债表是将资产项目列在报表的左方，负债和所有者权益项目列在报表的右方，其中，负债项目列在右方的上面，所有者权益（或股东权益）列在右方的下面，最终形成一个左右结构，从而使资产负债表左右两方平衡。

我国企业资产负债表一般采用账户式资产负债表格式。主要是因为：第一，账户式比较直观，一目了然；第二，会计的基本等式一致，相对来说容易理解；第三，这种格式把资产项目摆在突出的地位，便于表明企业的经营状况。而报告式的上下排列突出表现的是所有者权益项目。

账户式资产负债表的简化格式如表 5 - 1 所示：

表5-1 资产负债表（简化格式）

资　产	负债及所有者（股东）权益
流动资产： …… 非流动资产： ……	流动负债： …… 非流动负债： …… 所有者（股东）权益： ……
资产总计	负债及所有者（股东）权益总计

（二）资产负债表的项目

资产负债表由资产、负债和所有者权益三类会计要素构成，也就是资产负债表的三大类项目。其中，各大项目又分为若干的小项目，一般是以流动性为基础分类的，具体如下：

1. 资产项目

物业管理企业资产项目一般按照流动性的不同，分为流动资产和非流动资产两类。

（1）流动资产。

满足下列条件之一的资产应当归类为流动资产：

第一，预计在一个正常营业周期中变现、出售或耗用的。

第二，主要为交易目的而持有的。

第三，预计在资产负债表日起一年内变现的。

第四，自资产负债表日起一年内，交换其他资产或清偿负债的能力不受限制的现金或现金等价物。

物业管理企业的流动资产主要包括：

①“货币资金”项目。该项目反映企业的现金、银行存款、

其他货币资金的合计数。

②“交易性金融资产”项目。该项目反映企业持有的以公允价值计量且其变动计入当期损益的为交易目的所持有的金融资产，如企业以赚取差价为目的的从二级市场购入的股票、债券、基金等。

③“应收票据”项目。该项目反映企业因销售商品、提供劳务而收到的商业汇票，包括商业承兑汇票和银行承兑汇票。

④“应收账款”项目。该项目反映企业因销售商品、提供劳务而应向购买单位收取的各种款项，减去已计提坏账准备后的净额。

⑤“其他应收款”项目。该项目反映企业除应收票据、应收账款等经营活动以外的对其他单位或个人的各种应收、暂付的款项，减去已计提坏账准备后的净额。

⑥“存货”项目。该项目反映企业期末在库、在途和在加工中的各项存货的可变现净值，包括各种材料、商品、包装物、低值易耗品等。

（2）非流动资产。

物业管理企业的非流动资产主要包括：

①“长期股权投资”项目。该项目反映企业持有的不准备在一年内变现的各种股权性质投资，如对子公司、联营企业和合营企业的长期股权投资。

②“固定资产”项目。该项目反映企业各种固定资产减去累计折旧和固定资产减值准备后的净值。

③“在建工程”项目。该项目反映企业期末各项未完工程的实际支出，包括支付安装的设备价值、未完建筑安装工程已经耗用的材料、工资和费用支出等。

④“工程物资”项目。该项目反映企业尚未使用的各项工程物资的实际成本。

⑤“固定资产清理”项目。该项目反映企业因出售、毁损、

报废等原因转入清理但尚未清理完毕的固定资产的净值，以及固定资产清理过程中所发生的清理费用和变价收入等各项金额的差额。

⑥“无形资产”项目。该项目反映企业持有的无形资产，包括专利权、非专利技术、商标权、著作权、土地使用权等。

2. 负债项目

物业管理企业负债项目按照流动性的不同，一般也分为流动负债和非流动负债两类。

（1）流动负债。

满足下列条件之一的负债应当归类为流动负债：

第一，预计在一个正常营业周期中清偿的。

第二，主要为交易目的而持有的。

第三，自资产负债表日起一年内到期应予以清偿的。

第四，企业无权自主地将清偿推迟至资产负债表日后一年以上的。

物业管理企业的流动负债主要包括：

①“短期借款”项目。该项目反映企业向银行或其他金融机构借入的期限在一年以下（含一年）的各种借款。

②“应付票据”项目。该项目反映企业为购买材料、商品和接受劳务供应而开出、承兑的商业汇票，包括商业承兑汇票和银行承兑汇票。

③“应付账款”项目。该项目反映企业购买材料、商品和接受劳务供应等而应付给供应单位的款项。

④“预收款项”项目。该项目反映企业在准备销售商品、提供劳务之前便预先向购买者收取的相应款项。

⑤“应付职工薪酬”项目。该项目反映企业根据有关规定应付给职工的工资、职工福利费、社会保险费、住房公积金、工会经费、职工教育经费、非货币性福利、辞退福利等各种薪酬。

⑥“应交税费”项目。该项目反映企业按照税法规定计算应

交纳的各种税费，包括营业税、增值税、消费税、所得税、资源税、土地增值税、城市建设维护税、房产税、城镇土地使用税、车船税、教育费附加、矿产资源补偿费等。

⑦“应付股利”项目。该项目反映企业分配的现金股利或利润。

⑧“其他应付款”项目。该项目反映企业除应付票据、应付账款等经营活动以外的对其他单位或个人的各种应付、暂收的款项。

（2）非流动负债。

物业管理企业的非流动负债主要包括：

①“长期借款”项目。该项目反映企业借入的尚未归还的一年期以上（不含一年）的借款本息。

②“长期应付款”项目。该项目反映企业期末除长期借款以外的其他各种长期应付款项，如代管基金等。

3. 所有者（股东）权益项目

物业管理企业所有者（股东）权益项目包括：

（1）“实收资本（股本）”项目。该项目反映企业实际收到的由各投资者投入的资本（股本）总额。

（2）“资本公积”项目。该项目反映企业因股本溢价、资产重估增值、接受捐赠等形成的资产价值。

（3）“盈余公积”项目。该项目反映企业按规定从利润中提取的盈余公积金。

（4）“未分配利润”项目。该项目反映企业尚未分配的利润。

（三）资产负债表各项目的排列原则

资产负债表中各项目的排列原则是：

（1）资产项目按流动性排列，流动性大的排在前面，流动性小的排在后面。

（2）负债项目按到期日排列，到期日近的排在前面，到期日远的排在后面。

（3）所有者权益项目按永久性程度排列，永久性程度高的排在前面，永久性程度低的排在后面。

（四）资产负债表的表格结构

资产负债表由表头、基本部分和补充资料三部分组成。

（1）表头。表头部分主要列示会计报表的名称，即“资产负债表”，编制单位名称、编制日期、使用的货币计量单位等内容。

（2）基本部分。基本部分由资产、负债及所有者权益各项目组成，反映在资产负债表日资产、负债及所有者权益各项目的具体组成内容和金额。

（3）补充资料。补充资料部分主要是根据具体情况，列示有关资产等报表项目的必要补充内容。

企业资产负债表的结构和内容一般如表5－2所示：

表5－2　资产负债表（空白表）

编制单位：　　　　年　月　日　　　　单位：元

资　产	期初余额	期末余额	负债及所有者（股东）权益	期初余额	期末余额
流动资产：			流动负债：		
货币资金			短期借款		
交易性金融资产			交易性金融负债		
应收票据			应付票据		
应收账款			应付账款		

（续上表）

资　产	期初余额	期末余额	负债及所有者（股东）权益	期初余额	期末余额
预付款项			预收款项		
应收利息			应付职工薪酬		
应收股利			应交税费		
其他应收款			应付利息		
存货			应付股利		
一年内到期的非流动资产			其他应付款		
其他流动资产			一年内到期的非流动负债		
流动资产合计			其他流动负债		
非流动资产：			流动负债合计		
可供出售金融资产			非流动负债：		
持有至到期资产			长期借款		
长期应收款			应付债券		
长期股权投资			长期应付款		
投资性房地产			专项应付款		
固定资产			预计负债		
在建工程			递延所得税负债		

（续上表）

资　产	期初余额	期末余额	负债及所有者（股东）权益	期初余额	期末余额
工程物资			其他非流动负债		
固定资产清理			非流动负债合计		
生产性生物资产			负债合计		
油气资产			所有者（股东）权益		
无形资产			实收资本（股本）		
开发支出			资本公积		
商誉			减：库存股		
长期待摊费用			盈余公积		
递延所得税资产			未分配利润		
其他非流动资产			所有者（股东）权益合计		
非流动资产合计					
资产总计			负债及所有者（股东）权益总计		

三、资产负债表的编制方法

资产负债表内各项目金额，一般均需按统一的规定填列“期初余额”和“期末余额”两栏。其中“期初余额”栏内各项数字，应根据上期末资产负债表的“期末余额”栏内所列数字填列。因此，我们只需了解“期末余额”的填列方法。

物业管理企业资产负债表中“期末余额”栏内各项目主要是根据有关账户的会计记录编制的，具体填列方法一般有以下几种：

1. 根据总账账户余额直接填列

(1)“交易性金融资产”项目。该项目应根据“交易性金融资产”账户的期末余额直接填列。

(2)“固定资产清理”项目。该项目应根据“固定资产清理”账户的期末借方余额直接填列，如为贷方余额则以“-”号填列。

(3)“短期借款”项目。该项目应根据“短期借款”账户的期末余额直接填列。

(4)“应付票据”项目。该项目应根据“应付票据”账户的期末余额直接填列。

(5)“应付职工薪酬”项目。该项目应根据“应付职工薪酬”账户期末贷方余额直接填列，如为借方余额，以“-”号填列。

(6)“应交税费”项目。该项目应根据“应交税费”账户的期末贷方余额直接填列，如为借方余额则以“-”号填列。

(7)“应付股利”项目。该项目应根据“应付股利”账户的期末余额直接填列。

(8)“其他应付款”项目。该项目应根据“其他应付款”账户的期末余额直接填列。

(9)“实收资本（股本)”项目。该项目应根据“实收资本(股本)”账户的期末余额直接填列。

(10)“资本公积”项目。该项目应根据“资本公积”账户的期末余额直接填列。

(11)“盈余公积”项目。该项目应根据“盈余公积”账户的期末余额直接填列。

2. 根据总账账户余额计算填列

（1）“货币资金”项目。该项目应根据“现金”、“银行存款”、“其他货币资金”三个账户的期末余额计算填列。

（2）“未分配利润”项目。该项目应根据“本年利润”、“利润分配”账户余额计算填列，未弥补的亏损在本项目中以“－”号填列。

3. 根据明细账账户余额计算填列

（1）“应收账款”项目。该项目应根据“应收账款”和“预收账款”两个账户所属的相关明细账户的期末借方余额的合计数计算填列。

（2）“应付账款”项目。该项目应根据“应付账款”和“预付账款”两个账户所属的相关明细账户的期末贷方余额的合计数计算填列。

4. 根据总账账户和明细账账户余额分析计算填列

（1）“长期借款”项目。该项目应根据“长期借款”总账账户余额扣除“长期借款”账户所属的明细账户中将在一年内到期、且企业不能自主地将清偿义务推迟的长期借款后分析计算填列。

（2）“长期应付款”项目。该项目应根据“长期应付款”总账账户余额扣除“长期应付款”账户所属的明细账户中反映的一年内到期的长期应付款后分析计算填列。

5. 根据有关账户余额减去其备抵账户余额后的净额填列

（1）“应收票据”项目。该项目应根据“应收票据”账户的期末余额，减去“坏账准备”账户中有关应收票据计提的坏账准备期末余额后的金额填列。已向银行贴现的应收票据不包括在内，其中已贴现的商业承兑汇票在报表下端补充资料内单独反映。

（2）“其他应收款”项目。该项目应根据“其他应收款”账户的期末余额，减去“坏账准备”账户中有关其他应收款计提的坏账准备期末余额后的金额填列。

（3）“长期股权投资”项目。该项目应根据“长期股权投资”账户的期末余额，减去“长期股权投资减值准备”账户期末余额后的金额填列。

（4）“固定资产”项目。该项目应根据“固定资产”账户的期末余额，减去“累计折旧”和“固定资产减值准备”账户期末余额后的金额填列。

（5）“在建工程”项目。该项目应根据“在建工程”账户的期末余额，减去“在建工程减值准备”账户期末余额后的金额填列。

（6）“无形资产”项目。该项目应根据“无形资产”账户的期末余额，减去“累计摊销”和“无形资产减值准备”账户期末余额后的金额填列。

6. 综合运用以上填列方法分析填列

以“存货”项目为例。该项目应根据“材料”、“委托加工物资”、“在途物资”、“低值易耗品”、“库存商品”、“委托代销商品”、“生产成本”等总账账户期末余额的合计数，减去“存货跌价准备”账户期末余额后的金额填列。

某企业编制填列后的资产负债表如表5－3所示：

表5－3 资产负债表

编制单位：某物业管理公司　　20××年12月31日　　单位：元

资　产	期初余额	期末余额	负债及所有者（股东）权益	期初余额	期末余额
流动资产：			流动负债：		
货币资金	615 000	628 000	短期借款	75 000	
交易性金融资产	20 000	18 000	交易性金融负债		
应收票据	85 000	80 000	应付票据	73 000	70 000

（续上表）

资　产	期初余额	期末余额	负债及所有者（股东）权益	期初余额	期末余额
应收账款	143 000	141 000	应付账款	115 000	95 500
预付款项			预收款项	150 000	142 000
应收利息			应付职工薪酬	26 300	29 500
应收股利			应交税费	53 500	53 100
其他应收款	4 300	5 500	应付利息		
存货	23 000	26 000	应付股利		130 000
一年内到期的非流动资产			其他应付款	3 500	3 400
其他流动资产			一年内到期的非流动负债		
流动资产合计	890 300	898 500	其他流动负债		
非流动资产：			流动负债合计	496 300	523 500
可供出售金融资产			非流动负债：		
持有至到期资产			长期借款	100 000	100 000
长期应收款			应付债券		
长期股权投资	340 000	340 000	长期应付款	193 000	193 000
投资性房地产			专项应付款		
固定资产	336 000	415 000	预计负债		

（续上表）

资　产	期初余额	期末余额	负债及所有者（股东）权益	期初余额	期末余额
在建工程	55 000		递延所得税负债		
工程物资			其他非流动负债		
固定资产清理			非流动负债合计	293 000	293 000
生产性生物资产			负债合计	789 300	816 500
油气资产			所有者（股东）权益		
无形资产	43 000	41 000	实收资本（股本）	740 000	740 000
开发支出			资本公积		
商誉			减：库存股		
长期待摊费用			盈余公积	27 000	53 600
递延所得税资产			未分配利润	108 000	84 400
其他非流动资产			所有者（股东）权益合计	875 000	878 000
非流动资产合计	774 000	796 000			
资产总计	1 664 300	1 694 500	负债及所有者（股东）权益总计	1 664 300	1 694 500

第二节　利润表及利润分配表

一、利润表及其作用

（一）利润表的概念

利润表又称损益表或收益表，是反映物业管理企业在一定会计期间经营成果的会计报表。由于利润表反映的是某一期间的情况，所以又称“动态报表”。

利润表是根据配比原则，把一定会计期间的营业收入与同一会计期间的营业成本（费用）相配比，从而将企业一定期间（如公历每年1月1日至12月31日）的利润（或亏损）计算出来并有序地列示而成。

（二）利润表的作用

利润表也是企业的基本会计报表之一，它所提供的经营成果信息，可以用于评价企业一定期间的经营业绩和经营能力，预测企业未来期间的经营状况和盈利趋势。其作用具体表现为：

（1）帮助企业外部分析判断企业的经营业绩。利润表提供的经营成果信息，有助于投资者预测、评价企业的获利能力，也有助于债权人预测、评价企业的偿债能力。

（2）帮助企业内部考核管理部门的管理绩效。通过比较前后期利润的变化情况，可以推究发生差异的原因，进而评价各职能部门的业绩以及管理效率。

（3）帮助企业决策机构进行预测和决策。通过比较和分析，可以预测企业在未来期间的经营状况和盈利趋势，可以及时作出经营上的调整。

二、利润表的结构和内容

（一）利润表的格式

利润表的格式有两种：一种是单步式，一种是多步式。

1. 单步式

单步式利润表是只通过一个步骤就可以计算出利润（或亏损）的利润表。在这种利润表中，将企业所有的收入项目和成本费用项目不加区别地列在一起，然后利润（或亏损）表现为收入合计减去成本费用合计这一简单过程。

2. 多步式

多步式利润表是经过多个层次的不同收入与成本费用相配比而计算出企业利润总额的利润表。其理论依据是，按照配比原则，不同性质的收入应与不同性质的成本费用相配比，因而企业利润要经过多步才能计算出来。

我国企业利润表一般采用多步式利润表格式。

（二）利润表的项目与构成

在物业管理企业的利润表中，主要反映以下几方面的内容：

1. 构成营业利润的各项目

（1）“营业收入”项目。该项目反映企业经营主要业务和其他业务所确认的收入总额，包括主营业务收入和其他业务收入。

（2）“营业成本”项目。该项目反映企业经营主要业务和其他业务所发生的成本总额，包括主营业务成本和其他业务成本。

（3）“营业税金及附加”项目。该项目反映企业经营过程中应负担的从营业收入中抵扣的各种税费，如营业税、消费税、城市建设维护税、教育费附加等。

（4）“销售费用”项目。该项目反映企业在销售商品过程中发生的包装费、广告费等费用以及专设销售机构的各项经费。

（5）“管理费用”项目。该项目反映企业行政管理部门为了组织和管理生产经营而发生的费用。

（6）“财务费用”项目。该项目反映企业在筹集资金等财务活动中发生的费用。

（7）“资产减值损失”项目。该项目反映企业各项资产发生的减值损失。

（8）“公允价值变动收益”项目。该项目反映企业交易性金融资产、交易性金融负债，以及采取公允价值模式计量的投资性房地产等的公允价值变动形成的应计入当期损益的利得或损失。

（9）“投资收益”项目。该项目反映企业以各种方式对外投资所取得的收益。

2. 构成利润总额的各项目

（1）“营业利润”项目。该项目反映企业通过其经营业务即正常的营业活动所实现的利润，主要包括主营业务利润和其他业务利润等。

（2）“营业外收入”项目。该项目反映企业发生的与其经营业务即正常营业活动无直接关系的各项收入。

（3）“营业外支出”项目。该项目反映企业发生的与其经营业务即正常营业活动无直接关系的各项支出。

3. 构成净利润的各项目

（1）“利润总额”项目。该项目反映企业实现的全部利润。

（2）“所得税费用”项目。该项目反映企业应从当年利润总额中扣除的所得税费用。

4. 每股收益的计算

每股收益根据净利润和股本的情况计算。

以上各项内容在利润表中的构成情况一般可以通过以下四个步骤来计算和说明：

第一步，计算营业利润：

营业利润 = 营业收入 - 营业成本 - 销售费用 - 管理费用 - 财务费用 - 资产减值损失 + 公允价值变动收益 + 投资收益

第二步，计算利润总额：

利润总额 = 营业利润 + 营业外收入 - 营业外支出

第三步，计算净利润：

净利润 = 利润总额 - 所得税费用

第四步，计算每股收益：
一般是根据净利润与股本的对比，即按每股体现净利润。
企业利润表的结构和内容一般如表 5 - 4 所示：

表 5 - 4　利润表（空白表）

编制单位：　　　　年　　月　　　　单位：元

项　目	本期金额	上期金额
一、营业收入		
减：营业成本		
营业税金及附加		
销售费用		
管理费用		
财务费用		

（续上表）

项　目	本期金额	上期金额
资产减值损失		
加：公允价值变动收益（损失以“－”号填列）		
投资收益（损失以“－”号填列）		
其中：对联营企业和合营企业投资收益		
二、营业利润（亏损以“－”号填列）		
加：营业外收入		
减：营业外支出		
其中：非流动资产处置损失		
三、利润总额（亏损以“－”号填列）		
减：所得税费用		
四、净利润（亏损以“－”号填列）		
五、每股收益：		
（一）基本每股收益		
（二）稀释每股收益		

三、利润表的编制方法

利润表内各项目一般均需填列“本期金额”和“上期金额”两栏。其中“上期金额”栏内各项数字，在编制年度利润表时，应根据上年度利润表的“本期金额”栏内所列数字填列。

物业管理企业利润表中“本期金额”栏内各项目数字除每

股收益以外，主要是根据有关损益账户的会计记录编制填列的，具体填列方法如下：

（1）“营业收入”项目。该项目应根据“主营业务收入”账户和“其他业务收入”账户的发生额分析填列。

（2）“营业成本”项目。该项目应根据“主营业务成本”账户和“其他业务成本”账户的发生额分析填列。

（3）“营业税金及附加”项目。该项目应根据“营业税金及附加”账户的发生额分析填列。

（4）“销售费用”项目。该项目应根据“销售费用”账户的发生额分析填列。

（5）“管理费用”项目。该项目应根据“管理费用”账户的发生额分析填列。

（6）“财务费用”项目。该项目应根据“财务费用”账户的发生额分析填列。

（7）“资产减值损失”项目。该项目应根据“资产减值损失”账户的发生额分析填列。

（8）“公允价值变动收益”项目。该项目应根据“公允价值变动损益”账户分析填列，如为公允价值变动损失则以“－”号填列。

（9）“投资收益”项目。该项目应根据“投资收益”账户的发生额分析填列，如为投资损失则以“－”号填列。

（10）“营业利润”项目。该项目可直接在利润表上计算填列，如为亏损则以“－”号填列。

（11）“营业外收入”项目。该项目应根据“营业外收入”账户的发生额分析填列。

（12）“营业外支出”项目。该项目应根据“营业外支出”账户的发生额分析填列。

（13）“利润总额”项目。该项目可直接在利润表上计算填列，如为亏损则以“－”号填列。

（14）“所得税费用”项目。该项目应根据“所得税费用”账户的发生额分析填列。

（15）“净利润”项目。该项目可直接在利润表上计算填列，如为亏损则以“－”号填列。

某企业编制填列后的利润表如表5－5所示：

表5－5　利润表

编制单位：某物业管理公司　　　20××年12月　　　单位：元

项　目	本期金额	上期金额
一、营业收入	725 000	713 000
减：营业成本	457 000	446 000
营业税金及附加	43 500	42 000
销售费用		
管理费用	87 000	80 500
财务费用	3 500	3 200
资产减值损失		
加：公允价值变动收益（损失以“－”号填列）		
投资收益（损失以“－”号填列）	40 000	38 000
其中：对联营企业和合营企业投资收益		
二、营业利润（亏损以“－”号填列）	174 000	179 300
加：营业外收入	3 500	1 000
减：营业外支出	500	300

（续上表）

项　目	本期金额	上期金额
其中：非流动资产处置损失		
三、利润总额（亏损以“－”号填列）	177 000	180 000
减：所得税费用	44 000	45 000
四、净利润（亏损以“－”号填列）	133 000	135 000
五、每股收益：		
（一）基本每股收益		
（二）稀释每股收益		

四、利润分配表

利润分配表是反映企业一定会计期间对本期实现的净利润以及以前年度未分配利润的分配或亏损弥补的一种报表，是利润表的附表。主要用以说明利润表上所反映的净利润的分配去向。

利润分配表主要体现以下信息：

（1）净利润的分配情况或亏损弥补情况。

（2）利润分配的构成。

（3）期末未分配利润的数额。

利润分配表的具体内容与编制举例说明如下：

假定某物业管理公司在20××年度实现的净利润为200 000元，按10%计提法定盈余公积金20 000元，按5%计提法定公益金10 000元，已结合上年度未分配利润给投资者分配利润120 000元。

而在上年度，该物业管理公司实现的净利润为180 000元，按10%计提法定盈余公积金18 000元，按5%计提法定公益金9 000元，没有给投资者分配利润，未分配利润为153 000元。

该物业管理公司编制的利润分配表如表5－6所示：

表5－6　利润分配表

编制单位：某物业管理公司　　　20××年12月　　　单位：元

项　目	本期金额	上期金额
一、净利润	200 000	180 000
加：年初未分配利润	153 000	
盈余公积转入		
减：职工奖励及福利基金		
二、可供分配的利润	353 000	180 000
减：提取法定盈余公积	20 000	18 000
提取法定公益金	10 000	9 000
转入盈余公积		
三、可供股东（投资者）分配的利润	323 000	153 000
减：已分配优先股股利		
提取任意盈余公积金		
已分配普通股股利（分配给投资者利润）	120 000	
转做股本的普通股股利		
四、未分配利润	203 000	153 000

第三节 现金流量表

一、现金流量表及其作用

（一）现金流量表的概念

现金流量表是以现金为基础编制的，反映企业在一定会计期间内现金及现金等价物的流入、流出情况的报表。

现金流量表中的现金是指相对广义的现金，不仅包括物业管理企业的库存现金，还包括可以随时用于支付的银行存款以及现金等价物等。具体包括：

（1）库存现金。库存现金是指企业持有可随时用于支付的现金，也就是目前会计核算中的“现金”账户核算的内容。

（2）银行存款。银行存款是指企业存放在银行或其他金融机构随时可以用于支付的存款，与目前会计核算中的“银行存款”账户核算的内容基本一致，但不包括不能随时用于支付的存款，如定期存款，但通知存款可以包括在现金范围内。

（3）其他货币资金。其他货币资金是指企业存放在银行有特定用途的资金，与目前会计核算中的“其他货币资金”账户核算的内容一致，如外埠存款、银行汇票存款、银行本票存款、信用卡存款、信用证保证金存款等。

（4）现金等价物。现金等价物是指企业持有的期限短、流动性强、易于转换为已知金额现金、价值变动风险很小的投资。现金等价物虽然不是现金，但其支付能力与现金的差别不大，所以视为现金，如企业为保证支付能力，要持有必要现金，但又不能使现金闲置，所以一般可以购买短期债券，在需要现金时，随时可以变现。

一项投资被确认为现金等价物必须同时具备四个条件：①期限短；②流动性强；③易于转换为已知金额现金；④价值变动风险很小。期限短，一般是指从购买日起三个月内到期。

现金等价物通常包括三个月内到期的可在证券市场上流通的短期债券投资。权益性投资由于变现的金额不确定，因而一般不属于现金等价物。

（二）现金流量表的作用

现金流量表所提供的现金和现金等价物的流入和流出的信息，可以方便信息使用者了解和评价企业获取现金和现金等价物的能力，并预测企业未来的现金流量。其作用具体表现为：

（1）能够说明企业一定期间内现金流入和流出的原因，说明企业的偿债能力和支付股利的能力。

（2）能够用于分析企业未来获取现金的能力，分析企业投资和理财活动对经营成果和财务状况的影响。

（3）有助于对企业的整体财务状况作出客观评价。

二、现金流量表的结构和内容

（一）现金流量表的结构

现金流量表主要包括正表和补充资料两个部分。

1. 现金流量表正表

现金流量表正表是现金流量表的主体，企业一定会计期间现金流量的信息主要是由正表提供的。

现金流量表正表采用报告式结构，按照现金流量的性质，依次分类反映经营活动产生的现金流量、投资活动产生的现金流量和筹资活动产生的现金流量，最后再汇总反映出企业现金及现金等价物的净增加额。在有外币现金流量折算为人民币的企业，正表中还应单设“汇率变动对现金的影响”项目，以反映汇率折算的影响。

2. **现金流量表补充资料**

现金流量表补充资料主要包括三部分内容：

（1）将净利润调节为经营活动的现金流量（即按间接法编制的经营活动现金流量）。

（2）不涉及现金收支的投资和筹资活动。

（3）现金及现金等价物净增加情况。

（二）现金流量表的内容

物业管理企业现金流量表中的现金流量主要由经营活动产生的现金流量、投资活动产生的现金流量和筹资活动产生的现金流量三部分内容组成。

1. **经营活动产生的现金流量**

经营活动是指企业在正常业务范围内进行的经济活动，它包括了企业投资活动和筹资活动以外的所有交易和事项。

经营活动现金流量各项目的内容如下：

（1）销售商品、提供劳务收到的现金。

（2）收到的税费返还。

（3）收到的其他与经营活动有关的现金。

（4）购买商品、接受劳务支付的现金。

（5）支付给职工以及为职工支付的现金。

（6）支付的各项税款。

（7）支付的其他与经营活动有关的现金。

2. **投资活动产生的现金流量**

投资活动是指企业长期资产的购建和不包括在现金等价物范围内的投资及其处置活动。

投资活动现金流量各项目的内容如下：

（1）收回投资所收到的现金。

（2）取得投资收益收到的现金。

（3）处置固定资产、无形资产和其他长期资产收回的现金净额。

（4）收到的其他与投资活动有关的现金。

（5）购建固定资产、无形资产和其他长期资产支付的现金。

（6）投资支付的现金。

（7）支付的其他与投资活动有关的现金。

3. 筹资活动产生的现金流量

筹资活动是指导致企业的资本结构以及债务结构发生变化的活动。

筹资活动现金流量各项目的内容如下：

（1）吸收投资收到的现金。

（2）取得借款收到的现金。

（3）收到的其他与筹资活动有关的现金。

（4）偿还债务支付的现金。

（5）分配股利、利润或偿付利息支付的现金。

（6）支付的其他与筹资活动有关的现金。

三、现金流量表的编制方法

（一）经营活动现金流量各项目的编制方法

编制现金流量表时，经营活动产生的现金流量的编制方法通常有直接法和间接法两种。

直接法是通过现金收入和现金支出的主要类别反映来自物业管理企业经营活动的现金流量，一般以利润表中的营业收入为起算点，调整与经营活动有关的项目的增减变动，然后计算出经营活动的现金流量。

间接法一般以利润表中的净利润为起算点，调整不涉及现金的收入、费用、营业外支出等有关项目，剔除投资活动、筹资活动对现金流量的影响，然后计算出经营活动的现金流量。

在我国，企业现金流量表正表以直接法编制，在现金流量表的补充资料中按照间接法反映经营活动现金流量的信息。

物业管理企业经营活动现金流量各项目的编列方法如下：

（1）销售商品、提供劳务收到的现金。本项目编列企业当期销售商品、提供劳务实际收到的现金（含应收的增值税销项税款），包括当期收到的前期现金和当期预收的款项。

（2）收到的税费返还。本项目编列企业收到返还的各种税费，如增值税、营业税、消费税、所得税和教育费附加返还等。

（3）收到的其他与经营活动有关的现金。本项目编列企业除以上项目外收到的其他与经营活动有关的现金，如罚款收入、流动资产损失中由个人赔偿的现金收入等。

（4）购买商品、接受劳务支付的现金。本项目编列企业当期购买商品、接受劳务实际支付的现金（含应付的增值税进项税款），包括当期支付的前期应付款以及当期预付的款项。

（5）支付给职工以及为职工支付的现金。本项目编列企业以现金方式支付给职工的工资、奖金、津贴和补贴等，以及为职工支付的其他现金。不包括支付的离退休人员的各项费用和支付给在建工程人员的工资等，支付的离退休人员的各项费用应列入“支付的其他与经营活动有关的现金”项目，支付给在建工程人员的工资应列入“购建固定资产支付的现金”项目。

（6）支付的各项税款。本项目编列企业当期实际上缴的各项税款。

（7）支付的其他与经营活动有关的现金。本项目编列企业除以上项目外需要支付的其他与经营活动有关的现金，如罚款支出、支付的差旅费、业务招待费、保险费现金支出等。

（二）投资活动现金流量各项目的编制方法

物业管理企业投资活动现金流量各项目的编列方法如下：

（1）收回投资所收到的现金。本项目编列企业出售、转让或到期收回的除现金等价物以外的短期投资、长期股权投资而收到的现金，以及收回长期债权投资本金而收到的现金。不包括长期债权投资本收回的利息以及收回的非现金资产。

（2）取得投资收益收到的现金。本项目编列企业因对外投资而分得的股利、利润和利息等。

（3）处置固定资产、无形资产和其他长期资产收回的现金净额。本项目编列企业处置固定资产、无形资产和其他长期资产所取得的现金扣除为处置这些资产而支付的有关费用后的净额。包括固定资产报废、毁损的变卖收益以及遭受灾害而收到的保险赔偿收入等。

（4）收到的其他与投资活动有关的现金。本项目编列企业除以上项目外收到的其他与投资活动有关的现金。

（5）购建固定资产、无形资产和其他长期资产支付的现金。本项目编列企业为购建固定资产、无形资产和其他长期资产所支付的现金，包括购买机器设备所支付的现金及增值税款、建造工程支付的现金、支付在建工程人员的工资等现金支出、企业购入或自创取得各种无形资产的实际现金支出等，不包括融资租赁租入固定资产所支付的租金。融资租赁租入固定资产所支付的租金应在筹资活动的现金流量中反映。

（6）投资支付的现金。本项目编列企业各种性质的投资所支付的现金，包括为取得除现金等价物以外的股权投资、长期债权投资而支付的现金。

（7）支付的其他与投资活动有关的现金。本项目编列企业除以上各项投资活动以外发生的一些其他与投资活动有关的现金支出。

（三）筹资活动现金流量各项目的编制方法

物业管理企业筹资活动现金流量各项目的编列方法如下：

（1）吸收投资收到的现金。本项目编列企业收到的投资者以各种性质的投资方式投入的现金。

（2）取得借款收到的现金。本项目编列企业所借各种短期、长期借款所收到的现金。

（3）收到的其他与筹资活动有关的现金。本项目编列企业除以上项目外收到的其他与筹资活动有关的现金，如接受现金捐赠等。

（4）偿还债务支付的现金。本项目编列企业以现金偿还债务的本金。借款利息、债券利息的支出不在本项目编列，而列入“偿付利息所支付的现金”项目。

（5）分配股利、利润或偿付利息支付的现金。本项目编列企业当期实际支付的现金股利、利润以及借款利息、债券利息等。

（6）支付的其他与筹资活动有关的现金。本项目编列企业除以上各项筹资活动以外发生的一些其他与筹资活动有关的现金支出。

某企业编制填列后的现金流量表如表5－7所示：

表5－7　现金流量表

编制单位：某物业管理公司　　20××年12月　　单位：元

项　目	本期金额	上期金额
一、经营活动产生的现金流量		略(下同)
销售商品、提供劳务收到的现金	725 000	
收到的税费返还		
收到的其他与经营活动有关的现金		
经营活动现金流入小计	725 000	

(续上表)

项　目	本期金额	上期金额
购买商品、接受劳务支付的现金	130 500	
支付给职工以及为职工支付的现金	346 800	
支付的各项税款	87 800	
投资支付的现金		
支付的其他与经营活动有关的现金	53 500	
经营活动现金流出小计	618 600	
经营活动产生的现金流量净额	106 400	
二、投资活动产生的现金流量		
收回投资所收到的现金		
取得投资收益收到的现金	40 000	
处置固定资产、无形资产和其他长期资产收回的现金净额	3 000	
收到的其他与投资活动有关的现金		
投资活动现金流入小计	43 000	
购建固定资产、无形资产和其他长期资产支付的现金	24 000	
投资支付的现金		
支付的其他与投资活动有关的现金		
投资活动现金流出小计	24 000	
投资活动产生的现金流量净额	19 000	

（续上表）

项　目	本期金额	上期金额
三、筹资活动产生的现金流量		
吸收投资收到的现金		
取得借款收到的现金		
收到的其他与筹资活动有关的现金		
筹资活动现金流入小计		
偿还债务支付的现金	75 000	
分配股利、利润或偿付利息支付的现金	6 000	
支付的其他与筹资活动有关的现金		
筹资活动现金流出小计	81 000	
筹资活动产生的现金流量净额	－81 000	
四、汇率变动对现金及现金等价物的影响		
五、现金及现金等价物增加额	44 400	
加：期初现金及现金等价物余额	略	
六、期末现金及现金等价物余额	略	
现金流量表补充资料		
项目	本期金额	上期金额
略	略	略

思考题

1. 会计报表主要有哪些类别?

2. 什么是资产负债表? 它的作用表现在哪些方面?

3. 简述流动资产应当满足的条件。

3. 简述流动负债应当满足的条件。

4. 简述资产负债表中各项目的排列原则。

5. 简述资产负债表的具体填列方法。

6. 什么是利润表? 它的作用表现在哪些方面?

7. 简述利润表主要反映的内容。

8. 什么是利润分配表? 利润分配表主要体现哪些信息?

9. 什么是现金流量表? 它的作用表现在哪些方面?

10. 如何理解现金流量表中的现金? 现金等价物必须具备哪些条件?

11. 试述现金流量表的组成内容。

第六章　物业管理企业的财务管理

学习目标

通过本章学习，应该熟练掌握下列内容：

①财务预算的概念；

②财务预算的编制程序；

③财务预算的编制方法；

④财务预算控制系统；

⑤财务预算控制的步骤；

⑥财务控制的内容。

第一节　财务预算

一、财务预算的概念及作用

（一）财务预算的概念

“凡事预则立，不预则废。”在企业的经营管理活动中，为了确保实现各项目标，推行财务预算管理得到了越来越广泛的认同。预算（budget）的观念最早产生于1215年英皇签署的《大宪章》。《大宪章》中规定：英皇未获得议会同意不得征税。此后，预算被广泛应用于政府部门的费用控制。《辞海》给“预算”所下的定义为“经法定审查批准机关、团体和事业单位在一定期间的收支预计”。

西方企业的预算之所以称为全面预算或总预算（master budget），有其特定的含义。它是全企业性的，即整个企业一定时期的供应、生产和销售，人力资源的安排，成本和利润，资本支出，现金的收支和结存以及资产、负债和股东权益等都要编制预算，实行预算控制。简言之，全面预算就是企业主要以货币量度表示的全部经济活动计划的综合说明。

（二）财务预算的作用

财务预算规定了企业各级各部门在预算期间工作的目标，也是控制各项经济活动的依据和考核经营业绩的标准。财务预算的作用可概括为：计划、协调、沟通、激励、控制与考核六个方面，这些作用相互之间不是孤立的，而是紧密地联系在一起的。因此，在讨论某一个作用时，就会关联到其他作用。以下就预算的各项作用分别加以说明。

1. 计划

计划首先要确定企业在计划期内的主要经营目标，如：目标利润、预期的投资报酬率、目标销售额、销售增长率、存货目标、市场占有率、新产品试制和投产目标等。编制全面预算就是把企业提出的总体目标分别落实到各个职能部门，以及为达到各目标所采取的方法和措施。通过反复的预算平衡，可以使各级各部门了解企业主要经营目标并明确本部门在业务量、成本、收入等方面应达到的水平和努力的方向。

一个企业的经营计划和目标一般在预算编制前就已确定，但编制预算时却能导致修改计划。特别是发现没有完成企业原定的目标，或完成得不平衡时，往往需要修改原来的计划，这就使预算具有计划的作用。

2. 协调

企业的各级各部门的经济活动与总体目标之间具有局部与整体的关系。通过编制财务预算，应当使一个组织的各个部分融合为一个协调的整体，大家都为着一系列共同的目标而工作。目标一致性是不会自动出现的，必须采取一些手段使企业领导的目标能为下级所理解和接受。较好的办法是让每个职工都了解：对企业有利的事情也是对他们有利的，个人利益和企业的利益是一致的。

物业管理与一般的服务行业相比有其明显的特性，即物业管理服务提供的产品是全天候、不间断、多方位、多层次的过程性服务产品。其突出的一点是生产与消费同时开始、同时结束。如果不进行协调，每个人可能只从本部门角度考虑问题而忽视了企业的整体利益。例如，业务拓展部门可能努力扩大业务，但对保安部门的人力资源和技术能力就考虑得少些；保安部门为了充分发挥能力，提高服务质量，又可能超出资金预算和设备需要；财务部门则更重视手中资金的有效运用，以应付到期应该支付的款项。编制预算的目的就是要协调各部门之间的分歧。全面预算的初稿经常会出现种种不平衡的情况，要经过反复协商、调整，然后修改、定稿，争取实现最佳的经济效益。

3. 沟通

为使企业各部门的工作互相协调，取得经营管理工作的高效率，企业内部必须改善信息沟通。经过有效的沟通，把企业的目的、目标、政策、计划和成就及时地传达给各个部门，使每个部门对企业的目的、目标、政策、计划和成就以及它们自己应该起的作用有清楚的了解。为此，较好的办法是使各个部门都参与预算的编制工作。在预算的编制与评议过程可使各部门沟通信息，增进了解，从而使得最终被批准的预算可以去芜存菁，突出主要内容。此外，在整个预算执行过程中，对每一个责任单位的业绩，应根据预算通过定期的业绩报告与实际对比的资料予以通报。

4. 激励

要使人们积极主动地从事某项工作，必须给予激励，即事先规定某种激励的形式，以激发和鼓励人们去努力工作，充分发挥其聪明才智。激励可以是某种精神上的满足，或一定数额的奖金，或两者兼而有之。

在财务预算工作中，可以从编制程序和方法上研究如何发挥预算的激励作用。如果企业中的各个部门和个人都有机会参与预算的编制，从中认识到局部和整体利益的一致性，由此而产生参与感、成就感，就会认同预算，自觉地执行预算，努力实现企业的目标；如果预算只是由上级确定并简单地强制下级执行，则预算就可能不为下级所接受，甚至遭到抵制，不能起到激励的作用。

在编制预算时，企业各部门容易产生本位思想，提出本部门不用费力就能实现的预算，但这种预算是起不到激励作用的。各部门应根据企业总体目标，提出本部门的奋斗目标，编制出能激发本部门职工的积极性与创造性的预算。只有自下而上地编制预算，充分发挥全体职工的积极性和创造力，并经过反复讨论和修改，最终由企业领导批准的预算才能起到激励的作用。

5. 控制

编制预算是企业经营管理的起点，也是控制日常经济生活的依据。企业各个部门编制预算时，需要分析和说明所提出的计划和应支出的金额，这种分析和说明能起到成本控制的作用。各部门的预算经企业最高领导审议和批准后，核定给它们的预算资金就成为对实际支出的控制数字。

与其他企业的资金运动相比，物业管理公司的主营业务——物业管理服务的资金运动相对较简单，主要涉及收取管理费和费用支出两个环节。在物业管理服务中，管理收费有既定标准，如何提高管理收费的使用效益必然成为物业管理公司始终关心的主题。为此，不仅要求严格控制费用支出，更重要的是在财务预算过程中，应充分考虑各费用支出的必要性及其经济价值，防止预算中包含不应发生的费用项目。为提高财务预算的准确性和可操作性，需在编制财务预算之前了解其资金运动的特点，特别是设备维修保养等费用支出项目的规律性。在预算执行过程中，各部门应通过计量、对比，及时揭露实际脱离预算的差异数额并分析其原因，以便采取措施，巩固成绩，改正缺点，保证预定目标的完成，从而起到控制的作用。

6. 考核

企业预算确定的各项指标，也是考核各部门业绩的标准。在评定各部门工作业绩时，应根据预算的完成情况，分析脱离预算的程度和原因，提出哪些应属本部门负责，哪些应由其他部门承担责任，奖罚分明，促使各部门为完成预算规定的目标而努力工作。

综上所述，全面预算的首要作用是规划企业的经济活动，使企业全体职工明确奋斗目标；通过编制全面预算使各个职能部门相互沟通信息，激发广大职工的积极性和创造性，协调一致地为完成企业总体目标而努力工作；预算也是控制日常经济活动的依据和评定各职能部门业绩的标准。

二、财务预算的编制程序

财务预算的编制是一项工作量大、涉及面广、时间性强、操作复杂的工作。为了保证预算编制工作有条不紊地进行，一般要在企业内部专设一个预算委员会负责编制并监督实施。预算委员会应由总经理及分管安保、维修、财务等方面的副总经理和会计师等高级管理人员组成。预算的编制要在预算委员会的领导下经过自下而上、自上而下的多次反复，不断修正，最后由有关机构综合平衡，并以书面形式向下传达，将正式的预算落实到各个相关部门。

财务预算编制的程序如下：

1. 明确经营目标

在预测和决策的基础上，由预算委员会拟定企业预算总方针，包括经营目标、各项决策以及企业总目标和分目标，比如利润目标、销售目标、成本目标等。

2. 草拟部门预算

预算委员会要组织企业内部的安保、维修、财务、行政管理等各业务部门，根据企业的总体目标和部门的具体工作目标，编制本部门预算草案。现代管理研究表明：员工参与其目标的确定过程，能有效地增强其对目标的认同感，从而提高达成目标的可能性。由于公司全体员工都将参与财务预算的执行，因此，应尽可能让员工参与财务预算的编制过程。部门预算既是进一步汇总编制整个企业经营预算的基础，也是企业内部各部门在未来一定期间内从事经营活动应该达到的预期目标的最初反映。各有关部门应从各自的特点和实际情况出发，认真拟定部门预算，为企业总预算奠定基础。

3. 编制总预算

企业内部各部门将部门预算编制完毕之后，预算委员会在充分研究、评定其可行性的基础上，进行综合平衡，予以协商调整，即可据以编制总体预算。在编制总体预算过程中，为了使预算与企业经营目标相吻合，有时要经过自下而上和自上而下的多次反复，才能最终确定。

4. 审批正式预算

预算在未上报审批以前仍属预算草案。预算需上报董事会等企业最高管理决策阶层审批。审批阶层依据企业经营发展目标和企业实际经营状况，分析预算的可行性，对企业的预算进行审议，最后批准通过企业的总体预算和部门预算。

5. 落实部门预算

预算审议批准后，成为正式预算。批准后的预算，下达给各经营部门执行，进一步落实各部门的预算。

三、财务预算编制方法

财务预算有多种不同的编制方法。财务预算的编制方法不同，其效益性和实现的可能性大不相同。现实中，物业管理公司编制财务预算的常用方法为固定预算和零基预算两种。

（一）固定预算

固定预算又称“静态预算”，它是指根据未来固定不变的业务水平，不考虑预算期内经营业务活动可能发生的变动而编制的一种预算。这种预算一般用于非营利组织和业务水平较稳定的企业。

物业管理企业的固定预算是指以过去的实际费用支出为基础，考虑预算期内相关因素可能发生的变动及其影响，在过去实际费用基础上增加或减少一定的百分比确定出的预算。这种预算编制方法也称“增量预算”或“减量预算编制法”。

固定预算是传统的预算编制方法，在现实生活中得到了广泛应用。其优点集中表现为：编制简单，预算的编制成本较低。此外，由于固定预算以过去的费用支出为基础，费用支出水平的控制要求易于为各部门所接受。这一方法的缺点为：没有结合预算期的情况重新对各项费用支出的必要性及其支出水平进行论证，难以实现费用支出效益的最大化。同时，由于采用该方法编制的预算缺乏挑战性，因而，也难以调动各部门和全体员工控制费用支出的积极性。

（二）零基预算

零基预算是指一切从零开始，通过重新考虑费用预算的必要性和各项支出的经济效益而编制的预算。该方法是美国学者 P. 德鲁克等于 20 世纪 60 年代首先提出的，它很快就受到美国政府和工商界的重视。1976 年，美国总统卡特将零基预算引入政府的预算管理，取得了较好的成效。在我国，零基预算作为成本费用预算的一种编制方法，被越来越多地应用于政府部门和以微利为主要特征的行业（如物业管理行业等）。

零基预算不受以往实际费用支出水平的限制，完全根据预算期业务活动的需要和各项业务的轻重缓急，对各支出项目进行逐个分析和计量，从而制定出费用预算。具体而言，零基预算的编制程序为：①由各部门提出预算期内可能发生的费用项目及费用额，而不考虑这些费用项目以往是否发生及发生额是多少；②将全部的费用项目分为必须保证支出的费用项目和费用额可以增减变动的费用项目两大类；③对各费用支出额可以增减变动的费用项目进行成本效益分析，并按照成本效益率的大小进行排序；④将预算期内可动用的经济资源在各费用支出项目之间进行分配。分配时，首先满足必须保证支出的费用项目，然后再按成本效益率的高低，将经济资源在费用额可以增减变动的费用项目之间进行优化分配。

对物业管理公司而言，零基预算有着重要价值。在既定的管理收费标准下，它有助于提高管理收费的使用效益，改善公司与业主之间的关系，从而增强物业管理公司的市场竞争能力。但是零基预算也有一定的不足之处，主要表现为：编制预算的工作量相对较大，各费用项目的成本效益率的确定缺乏客观依据等。

四、物业管理财务预算的编制

（一）财务预算的编制顺序

财务预算是经营预算中其他预算的汇总，编制财务预算应以其他预算为基础。具体编制程序为：

(1) 根据相关法规和管理服务合同的要求（特别是物业管理的内容和收费标准等），编制资本预算及年度收入预算；

(2) 以收入预算为基础，制定营业成本预算，即直接材料费和直接人工费预算；

(3) 依据收入预算，编制管理费用预算；

(4) 根据收入预算、营业成本和管理费用预算等，进而结合物业管理公司的收付款政策和资本预算，编制现金预算；

(5) 综合所有各项预算，编制利润预算（预计损益表）和预计资产负债表。

值得注意的是，利润预算与财务规划中的预计损益表并无不同。因为预计损益表也可作为物业管理公司的控制目标下达给各部门，然后由各部门按照以上程序编制相应的预算。这一编制过程，一方面使预计损益表得以分解，具备了实现的可能；另一方面，为物业管理公司理财提供了所需的新信息，如现金预算等。

（二）财务预算的编制举例

财务预算的编制过程十分复杂，现以竹江物业管理有限公司为例，具体说明财务预算的编制过程。

竹江物业管理有限公司仅负责一住宅小区——简称“雅逸花园”的物业管理服务。20×0年10月，竹江物业管理有限公司管理层进行调查研究后决定：20×1年的财务预算按静态预算进行编制。此后，竹江物业管理有限公司预算委员会将公司目标利润按部门进行了分解，并下达给各部门。各部门根据下达的控制目标，结合自身的实际情况，编制了预算草案，其编制过程为：

1. 收入预算

由于物业管理是对房屋设施、设备等实行多功能、全方位、综合性经营管理与服务，既管物又服务于人，就应该根据其提供的物业服务收费。国家发改委、建设部规定了两种收费方式：包干制和酬金制。竹江物业公司采用的是包干制方式，此种方式是指业主只支付固定的物业服务费用，物业管理企业自负盈亏。这种方式有别于其他方式，收入基本确定，企业需要精打细算，以收定支，科学地进行年度预算。

竹江物业管理有限公司的物业管理收入相对简单，仅包括公共服务收入、公众代办性服务收入和特约服务收入三部分。根据管理服务合同，公共服务的收费执行微利原则，并尽可能与政府指导价一致；公众代办性服务和特约服务的收费执行政府指导价。原则上，各项收费都应按时收取，但据以往经验，本季度的管理公共服务收入中，80%于当季收到款项，其余20%于下季度收到；其他服务收费基本上都于当季收取。由于物业管理企业的收入来源是以元、角、分为基数的标准，根据物价局核定的政府指导价，按建筑面积多层建筑收费标准最高为1.50元/m^2·月，高层建筑收费标准最高2.00元/m^2·月，在编制收入预算时，就要求财务人员精打细算，收集详细的物业管理基础资料，在允许的空置率水平下，按照建筑面积和规定的收费标准，预算主营业务收入。

虽然已接管的物业收费标准已按物业合同的约定确定，但物业“滚动开发”的情况比较多。业主入住是一个逐渐的过程，由于受入住率的影响，并非每一个物业管理区域的主营收入都能够全部收回，这就会出现物业服务费不足的现象。在不增加业主和使用人的经济负担的前提下，鼓励管理处根据所管物业状况和物业区域的特点，开展多种经营，如对空置物业开展租赁服务，收取代租服务手续费收入，开展家政服务，提供有偿特约服务，多方位、多渠道创造经济效益，以业养业，补充物业管理经费的不足。

另外，按照我国现行税法的规定，物业管理企业应就其营业收入缴纳营业税、城市建设维护税、教育费附加和防洪工程维护费等流转税。由于其流转税的征税对象为营业收入，为简便起见，将付现支出——营业税金列入了营业收入预算。20×1 年度，竹江物业管理有限公司编制的收入预算见表 6－1。

表 6－1　营业收入预算表

编制单位：竹江物业管理有限公司　　20×1 年度　　单位：元

项　目	第一季	第二季	第三季	第四季	全　年
公共服务收入	200 000	200 000	200 000	210 000	810 000
公众代办性服务收入	30 000	35 000	40 000	50 000	155 000
特约服务收入	50 000	32 000	42 000	60 000	184 000
合　计	280 000	267 000	282 000	320 000	1 149 000

2. 营业成本预算

营业成本是公司为赚取收入而发生的直接费用，包括直接材料费和直接人工费。因此，编制营业成本预算，应以收入预算为基础，分别确定公共服务收入、公众代办性服务收入和特约服务收入的直接成本。其中，公众代办性服务和特约服务直接成本的确定较为容易，可参照其他工商企业采用的方法确定；公共服务的直接人工费，据保安人员、维修工程人员和清洁人员等直接从事公共服务人员的人数和当地的工资水平（包括职工福利费）确定，其材料成本可以上年度实际发生的成本为基础，增减一定百分比（通常为物价指数）来确定。竹江物业管理有限公司编制的20×1年度营业成本预算见表6－2。

表6－2　营业成本预算表

编制单位：竹江物业管理有限公司　　20×1年度　　单位：元

项　目	第一季	第二季	第三季	第四季	全　年
保安员薪酬	45 000	45 000	45 000	50 000	185 000
清洁员薪酬	15 000	15 000	15 000	18 000	63 000
物业员薪酬	24 000	24 000	24 000	30 000	102 000
电梯养护费	6 000	6 000	6 000	6 000	24 000
花草养护费	5 000	5 000	5 000	5 000	20 000
水景养护费	4 000	4 000	4 000	4 000	16 000
公共用水费	1 800	1 800	1 800	1 800	7 200
公共用电费	3 200	3 000	3 000	3 200	12 400
工具耗材添置费	1 000	1 000	1 000	1 000	4 000

(续上表)

项　目	第一季	第二季	第三季	第四季	全　年
其他设施维修费	800	800	800	800	3 200
固定资产折旧费	6 000	6 000	6 000	6 000	24 000
节假日活动宣传费	5 000	3 000	3 000	5 000	16 000
员工制服费	4 000	4 000	4 000	4 000	16 000
其　他	1 000	1 000	1 000	1 000	4 000
合　计	121 800	119 600	119 600	135 800	496 800

3. 管理费用预算

管理费用预算是财务预算的重要组成部分。它涵盖了竹江物业管理有限公司在提供服务过程中发生的所有间接费用，包括管理人员的工资和福利费、办公费、差旅费、固定资产折旧费、保险费等。编制管理费用预算的最佳方法为零基预算，但为了简便起见，竹江物业管理有限公司采用的仍然是固定预算（见表6－3）。

表6－3　管理费用预算表

编制单位：竹江物业管理有限公司　　　　20×1 年度　　　　单位：元

项　目	第一季	第二季	第三季	第四季	全　年
管理人员薪酬	50 000	50 000	50 000	60 000	210 000
物业管理行政办公费	3 000	3 000	3 000	3 000	12 000
物业财产保险费	1 500	1 500	1 500	1 500	6 000
业务招待费	2 800	2 800	2 800	5 000	13 400

（续上表）

项　　目	第一季	第二季	第三季	第四季	全　年
交通差旅费	4 500	4 500	4 500	4 500	18 000
固定资产折旧费	4 000	4 000	4 000	4 000	16 000
其　他	1 000	1 000	1 000	1 000	4 000
合　计	66 800	66 800	66 800	79 000	279 400

4. **现金预算**

现金预算是财务预算中居于中心地位的预算，它由现金收入、现金支出、现金余缺及其筹措和运用四部分组成。由于现金是无收益或收益较低的资产，编制现金预算时，确定现金持有量是一项十分重要的财务决策。

（1）现金预算。

现金预算能集中反映物业管理公司预算期内现金或货币资金的收支及余缺情况，为物业管理公司日常的资金管理、融资和投资决策提供依据。因而，在物业管理公司理财中，对这一工具应予以足够的重视。

通常现金预算由四部分内容组成：

①现金收入。现金收入是指公司物业管理服务取得的现金收入。现金收入不同于营业收入，营业收入是一个会计概念，其确认基础是权责发生制，无论款项是否收到，只要取得了收取款项的权利，即可确认为收入；现金收入是一个财务概念，其确认以收付实现制为基础，即只有收到现金后才确认为现金收入。两者之间的差异主要体现在公司的应收款项上。

②现金支出。现金支出的内容很多，分为营业现金支出和其

他现金支出两部分。营业现金支出是预算期内同物业管理公司管理服务有关的现金支出，包括采购材料费、员工工资、营业费用和管理费用（不含折旧）等成本费用中的付现部分；其他现金支出主要有固定资产更新、上交的营业税和所得税等方面的付现支出。

③现金余缺。现金余缺是现金收入和现金支出之间的差额。差额为正数，说明现金有多余；差额为负数，表明物业管理公司入不敷出，现金短缺。

④余缺的筹措和运用。持有现金，收益很低；现金短缺，则公司的正常运作难以为继。为此，在保证现金最低余额的前提下，可将多余的现金用于偿还物业管理公司的借款或作短期投资；现金短缺部分，应考虑利用各种融资方式，如向银行借款、调整物业管理收费等加以解决。

（2）现金持有量的确定。

物业管理公司持有现金的动机不同，其现金持有量也各不相同。合理确定现金持有量的方法很多，较为常用的是鲍摩尔模式。

①持有现金的动机。现金持有量的确定与公司持有现金的动机有密切关系。理论上，物业管理公司持有现金的动机主要表现为：

第一，交易性动机。交易性动机是指企业为了满足日常营业的需要而持有现金。在任何企业，现金收入和现金支出都不可能完全同步、同金额发生，为此，必须持有一定数量的现金，以满足支出大于收入时的现金需求。对物业管理公司而言，由于其现金收入主要来自物业管理服务收费，在时间上相对集中，而支出发生的时间又相对分散，出于交易性动机因而持有现金显得尤为必要。

第二，预防性动机。预防性动机是指企业为了应付意外情况而持有现金。构成现金预算的现金收入和支出，都来源于公司对未来的预测。由于未来存在不确定性，任何预测都难以百分之百准确，出现意外情况在所难免。为了满足出现意外情况下的现金需求，有必要持有一定数量的现金作缓冲之用。如物业管理公司预计的公众代办性或特约服务收费未能及时取得，或物业的供水（电）系统的维修支出大大超出计划等，这些情况都要求公司有一定的、超出正常营业需要的现金储备。

第三，投机性动机。投机性动机是指企业为了利用可能出现的有利机会而持有现金。如预期存货价格可能会发生暂时性大幅波动时，物业管理公司若计划利用这一可能机会，则必须持有与之相应的现金。现实中，仅有极少数公司出于此动机而持有现金。

一般而言，公司持有现金的数量取决于上述三项动机，但值得注意的是，若出现现金需求时，公司能从银行等外部渠道取得资金，则公司持有现金的数量可相应地减少。

②现金持有量的确定。现金是一项无直接收益或收益甚低的资产，为此，公司持有现金数量越少越好；但是持有现金不足，又会给公司带来严重后果。可见，合理确定公司的现金持有量十分重要。最佳现金持有量的确定方法有多种，物业管理公司常用的方法为鲍摩尔模式。

在鲍摩尔模式中，假定公司将多余的现金投资于国库券等有价证券。需要现金时，则出售有价证券。现金支出相对稳定：即在$0\sim t_1$或$t_i\sim t_{i+1}$期间内，公司的现金持有量N随支出稳步减少至0。最佳现金持有量是总成本最低时的持有量，它取决于两个因素：①持有现金的机会成本。即一笔资金既以现金形式持有，就无法同时以有价证券形式持有，此时，因持有现金而损失的有价证券投资收益，称为持有现金的机会成本。一般而言，持有现金的机会成本是一项变动成本，即与现金持有量成正比例变化。②有价证券转换为现金的成本。转换成本是指出售有价证券所必须支付的费用，如通讯费、税金和手续费等。转换成本是一项固定成本，即仅与转换次数有关系，而与每次的转换金额无关（注：即使转换成本中存在变动成本，鲍摩尔模式仍然成立）。最佳现金持有量的计算公式如下：

$$N=\sqrt{\frac{2Tb}{i}}$$

式中：N——最佳现金持有量；

T——预算期内的现金需求总量；

b——现金与有价证券的转换成本；

i——有价证券的收益率。

【**例6-1**】竹江物业管理有限公司预计全年现金需要量为1 600 000元，现金与有价证券的转换成本为125元/次，有价证券的收益率为4%，最佳现金持有量为：

$$N=\sqrt{\frac{2Tb}{i}}=\sqrt{\frac{2\times1\ 600\ 000\times125}{4\%}}=100\ 000\text{（元）}$$

现金预算的编制，如上所述，以收入预算和成本费用预算为依据。竹江物业管理有限公司所需营运资金由管理费押金提供，最低的现金余额为10万元，多余资金于季末用于偿还借款或购买国库券（年利率平均为4%），但至少是以千元为单位；20×0年度，该公司无借款，也无投资；20×1年1月打算新购一组道口闸机，这笔资本预算为200 000元，不足的资金向银行借入120 000元，年利率为6%，一年后偿还；预计20×0年末现金余额为105 000元；预计全年所得税为100 000元，分季预缴。竹江物业管理有限公司的现金预算见表6-4。

表6－4　现金预算表

编制单位：竹江物业管理有限公司　　　　20×1年度　　　　单位：元

项　目	第一季	第二季	第三季	第四季	全　年
期初现金余额	105 000	102 400	100 000	100 600	105 000
加：经营现金收入	281 000	267 000	282 000	320 000	1 150 000
减：经营现金支出	178 600	176 400	176 400	204 800	736 200
其中：营业成本现金支出*	115 800	113 600	113 600	129 800	472 800
管理费用现金支出*	62 800	62 800	62 800	75 000	263 400
减：预交所得税	25 000	25 000	25 000	25 000	100 000
减：资本性现金支出	200 000				200 000
现金支出合计	403 600	201 400	201 400	229 800	1 036 200
现金余缺*	(117 600)	68 000	80 600	90 800	
资金筹措及运用					
短期借款	120 000				120 000
购买债券		68 000	80 000	90 000	238 000
期末现金余额	102 400	100 000	100 600	100 800	100 800

注*　营业成本现金支出＝营业成本支出121 800－经营固定资产折旧6 000

＝115 800（元）

管理费用现金支出＝管理费用支出66 800－行政固定资产折旧4 000

＝62 800（元）

现金余缺＝期初余额105 000＋本季现金收入280 000－本季现金支出402 600－最低现金余额要求100 000

＝－117 600（元）

5. **预计损益表**

预计损益表是物业管理公司在预算期内经营成果的汇总反映，为此，可依据上述各预算，编制竹江物业管理有限公司的预计损益表（见表6－5）。

表6－5　利润预算表

编制单位：竹江物业管理有限公司　　20×1年度　　单位：元

项　目	行　次	金　额
一、营业收入	1	1 150 000
减：营业成本	2	496 800
营业税金及附加（与营业成本合并考虑）	3	
营业费用	4	
管理费用	5	279 400
财务费用	6	
加：投资收益*	7	2 160
二、营业利润	8	375 960
加：营业外收支净额	9	－20 000
三、利润总额	10	355 960
减：所得税（税率25%）	11	88 990
四、净利润	12	266 970

注*　投资收益＝68 000×4%×6/12＋80 000×4%×3/12＝2 160（元）

由于缺少20×0年度竹江物业管理有限公司的资产负债表，在此省略其预计资产负债表的编制。竹江物业管理有限公司的财务预算经“逸雅小区”业主大会通过后，于20×1年1月正式下达执行。

第二节　物业管理的财务预算控制

财务预算，就其本质而言是一种控制手段。在物业管理公司，财务预算的实施就是借助于财务预算，对物业管理公司的资金运动过程进行控制，即财务预算控制。为了保证财务预算能真正落到实处，公司财务管理部门应搞好物业管理财务的预算控制工作。

一、财务预算控制的目的

在物业管理企业的财务管理运行和控制过程中，最为关键的是对制定的预算项目进行跟踪控制。如前一节所述，物业公司根据各管理处的具体情况，经过调研和总结经验，确定年度预算目标，由管理处负责人签订目标责任书，各管理处财务人员根据本管理处的经营预算切实做好会计基础核算工作，实现数字化、报表化、动态的分析管理。实行多级核算，做到事前有预算，事中有控制，事后有监督，各管理处通过日常考核与年度考核相结合的方法，进行成本控制，是典型的预算结合目标成本管理模式。物业管理企业进行财务预算控制的目的主要有：

（1）落实财务预算或财务计划。财务预算能否有效地实施，很大程度上取决于财务预算控制是否有效。如果财务预算编制得好，但财务预算控制系统失效，则很难保证公司目标的顺利实现。

（2）及时纠正偏差。由于不可预见因素的存在，财务预算在实施过程中难免会出现偏差，因而需要通过财务预算控制系统及早发现问题，找出产生偏差的原因，然后提出修改和补救办法并进行纠正，保证财务预算任务的完成。

（3）提供决策依据。财务预算控制是对财务预算在实施过程中所进行的定期性考核与检查，因而在财务预算控制的过程中会形成各种反馈信息，这些反馈信息又将成为公司管理层进行决策的重要参考依据。

二、财务控制的原则

财务控制的原则是进行财务控制的行为规范，它体现了财务控制的特点。财务控制的一般原则有：

1. 全面性原则

财务控制是一个经济控制系统，这个系统要对物业管理企业的所有财务活动实施有效控制，必须遵循全面性原则。全面性原则是指发动领导和管理人员、工程技术人员和职工群众树立和增强财务控制的主动意识，积极参与财务控制。财务控制既要有纵向和横向控制，又要有总指标和分指标控制；物业管理是对房屋设施、设备等实行多功能、全方位、综合性经营管理与服务，既管物又服务于人，既要有前馈控制，又要有后馈控制；既要有控制的组织体系，又要有广泛的群众基础，形成全面的成本控制网络体系。

2. 经济效益原则

加强财务控制，是为了降低成本，提高经济效益。但提高经济效益，不单纯是靠降低成本的绝对数，更重要的是实现相对的节约，以较少的耗费获得更多的成果。因此，财务控制指标的确定、财务控制方法的选择、财务控制组织体系的建立等，都要以提高经济效益为出发点。对有利于提高经济效益的成本行为要给予激励、促进和支持，对不利于提高经济效益的成本行为，应予以调节、约束和限制，从而引导企业精打细算、增产节约、增收节支，提高经济效益。

3. **例外管理原则**

例外管理原则是指企业管理人员应将注意力集中在实际值脱离目标值差异的例外事项上，而不必事无巨细都一一查明原因。所谓“例外事项”，是指不符合常规的事项，一般包括以下四种情况：一是差异额较大的事项；二是经常出现差异额的事项；三是可避免原因引起的性质严重的事项；四是影响企业决策的事项。为提高财务控制的效率，财务控制人员必须抓住显著的、突出的事项进行控制。例外管理原则有利于将管理人员从繁琐的日常事务中解脱出来，集中力量解决主要矛盾，其他次要矛盾也就迎刃而解了。

4. **分级控制原则**

分级控制是指财务控制应在企业最高管理层领导下实行归口分级控制。财会部门将企业财务控制目标分解为各项具体目标，分解落实到责任层次，各责任部门（安保、保洁、行政部门等）根据其业务范围对其承担的成本具体指标实行归口分级管理，从而形成一个总体协调、多级阶梯控制网络，确保成本控制目标的实现。

5. **责权利相结合原则**

财务控制是加强经济核算、巩固经济责任制的重要手段，因此，实施成本控制必须遵循责权利相结合的原则。财务控制必须首先明确经济责任，并赋予责任者相应的实施财务控制的权力，否则无法履行其责任。同时，只有责任和权力，没有一定的经济利益，就会失去控制财务的动力，应将其控制效果的好坏与其经济利益的大小挂钩。因此，财务控制必须明确责权利三者的关系，调动各责任者在财务控制中的积极性和主动性。

三、财务预算控制系统的构成要素

为保证财务预算的贯彻落实，物业管理公司应建立有效的财务预算控制系统。一般来说，财务预算控制系统由组织系统、信息系统、考核制度和奖惩制度等组成。

1. 组织系统

组织系统对财务预算控制机构及其各自工作职责作了规定。实施财务预算控制的基本要求是实行责任中心制，即在公司内部划小预算单位，各预算单位（公司内部有特定责任的单位或部门）成为责任中心，每个责任中心都有明确的责任和控制范围。根据所负责任和控制范围的不同，责任中心又可分为成本中心、费用中心、利润中心和投资中心。一般地，物业管理公司的业务部门（如保安队、绿化队、维修队等）和各职能科室成为成本中心，负责将人工、原材料和机器设备等投入转变为物业管理服务。利润中心是以获取最大净利润为经营目标的组织单位。对一般物业管理公司或物业管理企业集团来说，投资中心和利润中心应分开，母公司或集团公司是投资中心，而紧密层、松散层和各子公司则是利润中心，母公司或集团公司对子公司实行投资控股，集团公司内部的各分公司和具体业务部门则是成本中心。

2. 信息系统

信息系统是财务预算控制系统的重要组成部分。财务预算控制系统的信息分为公司内部信息和外部信息。内部信息包括财务预算数据和实际执行结果的数据，这些数据可从财务计划（或财务预算）和会计信息系统中取得。而外部信息如市场预测、市场行情、政策法规变动等一般较难取得。在编制财务计划预算时，预算人员必须熟悉公司内部和外部信息、计划（预算）信息和现实信息。

3. **考核制度**

考核是财务预算控制系统发挥其作用的重要因素。考核的一般做法是：根据财务预算数据，找出实际发生的结果与财务计划（或财务预算）要求之间的差异，分析产生这种差异的原因，落实责任人，并提出补救办法，最后形成财务报告，并作为公司决策和采取行动的依据。

4. **奖惩制度**

奖惩是根据业绩考核结果，对业绩突出者给予奖励，对造成严重损失的责任者给予处罚的行为。考核的结果必须与奖惩挂钩，否则，财务预算控制就如同纸上谈兵，财务预算控制系统也就形同虚设。

四、财务预算控制的步骤

财务管理部门实施财务预算控制，一般分为以下几个步骤：

（1）建立财务预算控制系统。建立财务预算控制系统包括建立财务预算控制的组织系统和信息系统，建立考核制度和奖惩制度。财务预算控制组织系统是财务预算控制的组织保证，包括专门机构的设立、人员的配置、岗位责任的确立和责任中心、利润中心与投资中心的建立。信息系统包括建立各种量化的控制标准（指标），它是实施财务预算控制的依据。信息系统还应包括信息反馈系统，以保证各种信息能及时传递和反馈，保证控制措施的及时落实。考核制度和奖励制度是实施控制以及对考核结果进行处理的有关规定。它们在制度上保证了财务预算控制的有效实施及财务预算目标的实现。

（2）定期（按年或按月）把实际完成情况同财务预算指标进行对比分析，根据信息系统确立的标准，实行监督、检查，比较实际执行结果与预算之间的差异，并分析产生偏差的原因，提出降低成本费用的途径，制定纠偏的有效措施。

（3）对责任部门和责任人进行评价和考核。实际执行结果与预算之间必然会产生偏差，应明确产生偏差的原因和责任者。

（4）纠正偏差。提出纠正偏差的对策，并组织实施，尽最大努力减少损失。

（5）奖惩兑现。根据监督检查结果，落实责任，兑现奖惩办法。

（6）调整预算。在财务预算执行过程中会产生一些不可预见的因素，造成财务预算执行发生偏差，为了做到考核合理，奖罚分明，一般在每年第三季度对财务预算指标进行有依据的必要调整，保证预算的合理性和可行性。

第三节　物业管理财务控制的内容

物业管理是近年来一个新兴的行业，发展比较快，但是总的来说，整体盈利状况并不理想，由房管部门转变为物业管理企业的难以适应市场竞争，亏损比较大；开发商下属的物业管理企业大部分由开发商经营，市场竞争意识薄弱，亏损状况也比较大；自主经营的物业管理企业经营状况相对较好一些，但是盈利状况并不是很理想。究其原因，很大一方面就是企业内部财务控制并不完善，内部财务控制薄弱，使得企业不具备进行激烈市场竞争的能力。因此，加强物业管理企业内部财务控制非常重要。

财务控制的内容很广泛，主要有营业收入控制、成本费用控制、现金流转控制、应收账款及应收票据控制、存货控制、流动负债控制、长期负债控制和利润分配控制等。

一、营业收入控制

（一）营业收入来源控制

物业管理企业在其经营管理活动中经济收益来自两个方面，一个是围绕物业管理的工作范围，提高服务质量，另一方面就是通过多种经营为企业创造收益。

物业公司属于营利性质的企业，仅靠管理服务收入显然是不够的。必须广开门路，创造尽可能多的利润。物业企业加强经济收益的途径主要有两方面：

（1）围绕物业管理的工作范围，在为业主提供标准服务和委托服务的基础上，扩大服务范围，不断提高服务质量，收取有偿物业管理费、服务费。

（2）开展多种经营的其他创利项目。由于物业管理以服务为主，单靠收取的物业管理费难以维持，一定要拓宽多种服务经营途径，如家政有偿服务、便民维修、物业交易中介租赁、车辆保管、室内清洁等。

（二）应收账款及应收票据控制

随着入住业主或使用人的相对稳定，根据年初计划的主营业务收入按计划进度稳步收缴，杜绝前松后紧的情况发生。对于业主欠费产生的应收账款的管理和控制应区别对待，物业管理企业的应收账款有别于商业企业，它不会给企业带来信用销售，也不会使企业利润增加，相反，物业管理企业产生的业主欠费只会使企业收入减少，现金流短缺，对物业企业而言业主欠费越多，数额越大，物业企业的风险就越大，企业的生存将会举步维艰，甚至倒闭。物业企业财务管理要求加强应收账款的管理，调查分析应收账款形成的原因，及时反馈到项目管理部门，在最短的时间内解决问题，将坏账损失降到最低。减少应收账款的形成，加快资金的回笼，物业企业才能持续发展。

二、成本费用控制

成本控制是现代企业成本管理的核心内容。成本和费用是企业生产经营过程中的货币表现。成本和费用核算是否准确、真实、合理，关系到经营成果的计算是否正确，直接影响到国家、企业和职工个人的利益分配。

（一）成本控制的意义

成本控制是一种经济控制。它是根据预定的成本目标，对企业生产经营过程中的劳动耗费进行约束和调节，发现偏差，及时纠正，以实现预定的成本目标，促使成本不断降低，提高经济效益。在现代成本管理中，加强成本控制具有重要的意义。

1. 成本控制是现代成本管理的核心内容

现代成本管理包括成本预测、成本决策、成本计划、成本核算、成本控制、成本分析和成本考核等各环节。从管理的时间不同来划分，成本预测、成本决策和成本计划属于事前成本管理，成本核算和成本控制属于事中成本管理，而成本分析和成本考核则属于事后成本管理。从成本管理各环节之间的相互关系来看，成本预测、成本决策和成本计划为成本控制提供依据，成本核算为成本控制提供反馈信息，成本分析和成本考核则反映了成本控制的绩效。由此可见，成本控制是实施成本管理的重要环节，是加强现代成本管理的核心内容。

2. 成本控制是降低成本、提高经济效益的重要手段

成本是劳动耗费的具体表现形式，降低成本是实现经济效益的重要基础。开展成本控制，可以事先确定标准或预算，限制各项费用和消耗的发生，有计划地控制成本的形成，使成本不超过预先制定的标准。如果成本控制不力，成本计划就不能实现，降低成本和提高经济效益就成了一句空话。要降低成本，以最小的劳动耗费获取最大的劳动成果，必须加强成本管理，强化成本控制。

3. 成本控制是加强整个宏观经济控制的基础

成本控制是整个宏观经济控制系统中的一个子系统，它在整个宏观经济控制中起着基础性作用。成本控制的效果在很大程度上影响着宏观经济控制的效果。成本失控，势必造成企业损失浪费日趋严重，成本上升，经济效益下降，投入与产出的比例失调。同时，成本失控，会导致物价失控，呈现出“成本上升——物价上涨——成本再度上升”的恶性循环，从而影响整个宏观经济的调控。因此，只有强化成本控制，才能为加强整个宏观经济调控奠定基础。

（二）成本控制的分类

成本控制有广义和狭义之分，狭义的成本控制又叫事中控制，是指在成本形成过程中，根据事先制定的成本目标，对企业日常发生的各项生产经营活动按照例外管理的原则，采用专门的方法进行严格的监督和控制，务必使各项生产耗费不超过原来规定的标准和预算，如发生差异，及时分析其产生的原因，并及时纠正，以确保成本目标的实现。

广义的成本控制除事中控制外，还应包括事前控制和事后控制。事前控制也称前馈控制，成本的事前控制可以分为两种：一种是指在经营业务发生之前，对经营业务成本进行规划，选择最佳成本方案，制定成本目标，制定一套适应具体情况的成本控制制度；另一种是经营业务开始前，通过对成本与功能关系的分析研究，开展价值工程（value engineering，简称 VE）活动，选择最佳方案，制定目标成本，此类控制的重点在于从业务设计阶段开始，就提出对业务功能和目标成本的要求，从根本上解决功能过剩、成本过高的问题。成本的事后控制也称后馈控制，就是将所发生的差异进行汇总、分配，计算产品的实际成本，即以目标成本加上偏离目标的差异，得出实际成本。

在实际工作中，可以按不同的标准对成本控制进行分类。

1. 按控制的时间分类：前馈控制和后馈控制

所谓前馈控制，是指在受控系统运作前，就对其运行过程的状态和输出结果的可能偏差，进行监视，以便使受控系统的运行符合控制标准，否则就改变输入或受控系统的运行。在成本控制中，前馈控制主要指经营业务开展以前的成本控制。包括业务开展程序、作业功能、作业成本、收费标准的控制等等。成本的前馈控制是成本控制中的最优控制，其特点是在经营业务行为发生以前就完成有关修正。

所谓后馈控制，是指根据控制目标与受控系统的实际运行结果来实施事后控制。成本控制中的后馈控制，就是把实际成本与成本目标进行对比，并把成本发生偏差的信息传送给成本控制单位，以便及时进行调节，实现成本目标。标准成本控制和定额成本控制都属于后馈控制。后馈控制的特点是：根据输出信息来调整输入信息，根据过去的行为来调整未来的行为。

2. 按控制的层次分类：集中控制、分散控制和分级控制

集中控制是指企业建立一个成本控制中心，集中对成本信息进行加工处理，对各项成本开支进行统一控制。其优点是机构简化，权力集中，控制力强；其缺点是控制体制僵化，难以调动基层单位的积极性，反而影响控制效率。集中控制一般适用于小型企业。

分散控制是指企业管理当局把成本控制权交由基层单位，主管成本部门只负责汇总和检查。其优点是具有灵活性，并能调动基层单位成本控制的积极性；其缺点是控制权力分散，控制标准不尽统一，容易发生偏差。

分级控制是指控制系统的每一个层次都有各自的控制目标，按此目标采取执行功能，并在行为上和系统的控制目标上保持一致。分级控制的等级是根据控制目标的等级来设置的。指令信息自上而下逐级发散，而反馈信息则自下而上逐级收敛。分级控制的每一层次，在执行功能时越是独立，吸收的信息也就越多，由此输出并传输到上一层次的信息就越少，因而控制的效率也就越高。分级控制的显著特点是：每一层次在其控制范围内具有内在的独立性与反馈信息的收敛性。在成本控制中，目标成本控制、责任成本控制是典型的分级控制。

3. **按控制的方式分类：程序控制和目标控制**

程序控制是按预先制定的控制程序来实施控制。程序控制一般适用于对成本的微观控制，标准成本控制就属于程序控制。例如，标准成本控制就是预先设计好控制程序，标准成本表示受控对象的期望值，实际成本表示受控对象的实际值，管理部门则按预定的核算、分析和控制程序，根据实际值与期望值的偏差执行控制功能。当这种偏差表现为有利差异时，通过正反馈来增大偏差，当这种偏差表现为不利差异时，通过负反馈来减少偏差。

目标控制是按预先制定目标而不是预先设计好的程序来实施控制。这种控制是以目标的形式从外部输入控制系统。控制系统根据来自目标的控制参数和控制变量，以随动方式或跟踪方式来确定控制程序，使控制变量不断逼近控制目标，确保目标的实现。目标控制一般适用于成本的宏观控制，如上级主管部门对企业成本的控制，行业主管部门对本行业主要产品成本的控制等等。目标控制能够极大地调动基层单位的积极性。

4. **按控制数量表现分类：绝对成本控制和相对成本控制**

绝对成本控制是指对生产经营过程中发生的一切成本支出，按其绝对额进行控制，其着眼点在于控制成本的绝对数差异，即减少消耗，节约开支，重在“节流”。绝对成本控制对于减少成本绝对额是有意义的，但是，它不能把成本的降低与服务质量提高、业务的扩大和利润的增长联系起来，全面地考察企业的经济效益。如果成本升高是由于服务质量提高、业务的扩大而引起的，而且，服务质量提高、业务的扩大和利润的增长速度大于成本增长的速度，那么，即使成本升高都不能被看作是不良现象。所以，成本控制不能仅停留在绝对成本控制上，还必须进行相对成本控制。

相对成本控制是指结合企业服务质量提高、业务的扩大、利润以及经营管理要素的组合，来进行成本的相对控制，而不是单纯控制成本的绝对数额。例如，探索成本最低、利润最高的物业管理服务项目，程序最简、质量最优、收费最合理、最能得到业主认同等经营要素最佳组合时的成本水平等等，都属于相对成本控制。相对成本控制的着眼点在于通过扩大服务领域和增加利润相对降低成本，即重在“开源”。

此外，成本控制按控制的层次还可分为高层控制、中层控制和基层控制。高层控制是企业最高领导层对成本实施的战略性和全局性控制，中层控制则是专业业务部门对成本实施的管理性控制，基层控制则是基层班组、岗位甚至个人对具体操作中的成本实施的作业性控制。成本控制按控制的方法不同，可分为会计控制和营运控制等。

（三）成本控制的特点和程序

1. 成本控制的特点

所谓控制，是指通过调节使客观对象的活动按照既定目标运行的行为。控制是一个系统，它具有以下特点：

第一，控制由施控主体和受控对象所组成。控制的过程实际上就是施控主体对受控对象施加影响，进行约束和调节的过程。

第二，控制指向既定的目标。没有目标就等于控制失去了方向，也失去了评判控制效果的标准。

第三，控制应具备有效的约束和调节功能。如果缺少这种功能，受控对象就会偏离既定的目标，出现失控。

第四，控制应具有准确、及时的信息反馈。没有准确、及时的信息反馈，也就没有有效的控制。

2. 成本控制的程序

成本控制的程序一般分为制定标准、执行标准和检查考核三个步骤。

（1）制定标准。

制定标准属于事前控制。即事先确定业务过程各阶段、各部门、各环节的成本费用标准、目标、预算或定额，对各种资源消耗和各项费用开支规定数量界限，作为衡量实际消耗和支出是否合理的依据。成本控制标准包括目标成本、费用预算、材料定额、工时定额、工序成本、责任成本等等。

（2）执行标准。

执行标准属于过程控制或事中控制。即在业务过程中根据预定的标准来控制各项消耗和支出，随时发现是节约还是超支，并预测其发展趋势，采取措施，把差异控制在允许的范围内。执行过程控制，主要依靠成本信息的及时反馈和数据的统计分析，建立严格的责任制，实行全员控制和全过程控制。

（3）检查考核。

检查考核属于事后控制。即阶段性地集中查找和分析产生成本费用差异的原因，判明责任归属，对成本目标和标准的执行作出考核评价，奖优罚劣，并采取措施，防止不利因素重复发生，总结和推广经验，为修订标准提供可靠的参数，把成本控制的科学方法标准化。

以上三个步骤相互联系，循环往复，构成成本控制循环。每一次循环，成本控制标准都应有所改善，成本控制手段也应更加科学。

（四）目标成本控制

成本控制方法主要解决怎样控制成本的问题，成本控制的方法是多种多样的。从成本控制的内容看，有材料费用控制的方法、人工费用控制的方法、管理费用控制的方法等；从成本控制依据的指标看，有目标成本控制法、标准成本控制法、定额成本控制法、责任成本控制法等；从成本控制的程序看，有制定成本指标的方法、过程控制的方法、检查考核的方法等；从成本控制的技术看，有对比分析法、因素分析法、量本利分析法、回归分析法、*ABC* 分析法、功能成本分析法等。根据物业管理企业的成本特点，主要采用目标成本控制的方法。

目标成本是根据业务的性能、质量、价格和目标利润确定的企业在一定时期内应达到的成本水平。目标成本与计划成本既有联系又有区别。从二者的联系看，它们都是企业在成本方面的奋斗方向。从二者的区别看，目标成本是根据用户所能接受的价格和企业所能接受的目标利润来确定的，而计划成本是以实际成本为基础，根据先前的消耗定额和计划期内能实现的成本降低措施及其效果来确定的，目标成本一般由企业自行制定、自行编制和自行考核，具有灵活性，而计划成本则往往表现为管理当局为企业规定的计划任务，具有强制性。在实际工作中，有的企业首先制定长远的目标成本，然后根据目标成本编制年度成本计划，有的企业根据批准的成本计划，提出保证成本计划完成的目标成本。

目标成本控制是成本控制的一种重要方法。它是根据目标成本来控制成本活动，使实际成本符合目标成本的要求，并不断地降低成本。作为控制方法，它具有以下几个特点：

（1）目标成本控制以价格和利润为基础，改变了以实际消耗为基础的传统成本控制观念。以实际消耗为基础的成本控制，要么把费用支出转嫁给消费者，损害消费者的利益，要么把费用支出归属企业，导致企业亏损；而以价格和利润为基础的目标成本控制则认为，只有建立在消费者能够接受的价格和企业能实现的目标利润基础上的费用支出，才是必要的。这为降低成本指明了方向。

（2）目标成本控制以目标管理理论为基础，强化了成本控制的理论依据。目标管理是一种现代的、民主的和科学的管理理论和方法，目标成本控制正是这一理论与方法在成本控制中的具体体现和运用。目标成本控制能够把目标管理具体化，把民主管理、全员管理具体化，把以提高经济效益为中心和建立责任制具体化。

（3）目标成本控制以全过程控制为基础，改变了以事后控制为基础的传统成本控制观念。目标成本控制将事前控制、事中控制和事后控制有机地融为一体，增强了成本控制的预见性、目的性和科学性。

目标成本控制是一系列的行动过程。这一系列行动过程就是目标成本控制的一般程序，它包括：制定目标成本、分解目标成本、控制目标成本、考核目标成本。

1. **目标成本的制定**

目标成本的制定是目标成本控制的起点，目标成本制定的科学性和合理性直接影响到目标成本控制的有效性。

目标成本的制定要依照一定的程序进行，这一程序由下列步骤构成：

（1）搜集成本信息。制定目标成本需要的信息包括两个方面：一是预测业务量和价格。以新业务来说，价格是一个未知数，要进行市场调查和预测，进行分析，并与同类产品相比较，确定消费者对价格的接受程度；对老业务而言，要对现行收费标准进行分析，特别是结合业务市场寿命周期和业务竞争能力，预测出价格上下波动的趋势和幅度。二是取得同行业企业成本资料，可以按成本项目来搜集。同行业先进企业的成本水平是制定目标成本的主要依据。

（2）确定目标利润。将企业经营目标规定的目标利润进行分解，确定某种业务在计划期内应完成的目标利润。目标利润水平应考虑产品市场预测的销售量和价格水平。

（3）测算目标成本。目标成本可采取倒推的方式进行匡算，即：

目标成本＝预计营业收入－目标利润

（4）确定目标成本。在初步测定目标成本之后，要发动广大职工群众讨论匡算的目标成本指标，提出降低成本的措施，根据降低成本的主要措施对未来成本进行预测，寻找降低成本的方向和途径，经过目标成本综合平衡，即可确定企业为之奋斗的目标成本。

2. 目标成本的分解

目标成本的分解就是要把目标成本这个大指标尽可能地分解成若干个小指标，以便落实到各有关单位和个人，成为各单位和每个人的具体奋斗目标。目标成本的分解，应结合企业的业务开展过程、组织机构和各项费用的发生情况进行。一般有以下几种方式：

（1）按组织结构分解目标成本。

按企业组织结构分解目标成本是一种广泛适用的目标成本分解方法。这种方法是把整个企业的目标成本分解给各个业务职能部门，成为这些业务职能部门的目标成本，然后，各个业务职能部门再将其目标拆开分解给各个班组，成为该班组的班组目标成本，各个班组将其负责的目标成本分解落实到个人头上，形成岗位目标成本，个人对岗位目标成本提出个人保证措施，班组对班组目标成本提出班组保证措施，业务职能部门对目标成本提出业务职能部门保证措施，全企业对总的目标成本提出保证措施。这样，就形成了自上而下的层层分解和自下而上的层层保证的纵横交错的目标成本分解控制体系。

（2）按作业成本法分解目标成本。

作业是指企业为提供一定数量的产品或劳务而消耗人力、物力、技术、智慧等资源的活动。在作业成本法下，成本被定义为资源的耗用，而不是为获取资源而发生的支出。作业成本法计量资源耗费水平的变动，而不是支出水平的变化。前者取决于对资源的需求，后者则取决于现有的资源状况。作业成本法将两者加以区分。其原因在于：一是有利于管理人员采取行动消除资源过剩或短缺；二是便于管理决策，因为资源的实际消耗量更能反映真实成本。

成本动因是引发成本的推动力或驱动因素，即引起成本发生或变动的原因。在作业成本法下，产品成本的计算大致按以下步骤进行：

①确认和计量各类资源耗费，将资源耗费价值归集到各资源库。资源是执行作业所必需的经济要素。资源可以分为：货币资源、材料资源、人力资源、动力资源以及厂房设备资源，等等。企业各项资源被确认后，要为每类资源设立资源库，并将一定会计期间所消耗的各类资源成本归集到各相应的资源库中。

②将企业经营过程划分为各项作业。作业的划分不一定与企业的传统职能部门相一致。有时作业是跨部门的，而有时一个部门则能完成好几项不同的作业。作业的划分应该粗细得当。划分过细，就会使作业总数过多，由此导致成本计算工作量过大，同时企业为此所付出的代价势必过高；反之，如果作业划分得过粗，一个作业中含有多种不相关的业务，必然会使产品成本计算结果的准确性大大降低。因此，作业的确定应遵循“成本—效益”原则。

③确定资源动因。资源动因是指资源被各作业消耗的方式和原因。它反映了作业对资源的消耗状况，因而是把资源库价值分解到各作业成本库的依据。确立资源动因的原则是：第一，某项资源耗费如能直观地确定其为某一特定产品所消耗，则直接计入该特定产品成本。直接材料费用通常适用该项原则。第二，如果某项资源耗费可以从发生领域上划分为各作业所耗，则可以直接

计入各作业成本库。此时资源动因可以认为是作业“专属”耗费，各作业各自发生的办公费一般适用这一原则。第三，如果某项资源耗费从最初消耗上呈混合耗费形态，则需要选择合适的量化依据将资源耗费分解分配到各作业成本库，这个量化依据就是资源动因，如动力费一般按各作业使用电力度数分配等。

④根据各项作业所消耗的资源动因数，将各资源库汇集的价值分配到各作业成本库。各资源库中的价值应根据资源动因逐项分配到各作业成本库中去，将每个作业成本库中转入的各项资源价值相加就形成了作业成本库价值。

⑤确认各作业的成本动因，再根据每个成本动因计算相应的作业动因分配率。

⑥根据各项作业所消耗的成本动因数将各作业成本库价值分配计入有关产品或劳务成本计算单，计算完工产品或劳务成本。为了便于分析成本动因，可将不同的作业划分为不同的层次。并在产品成本计算单中按不同的作业层次列出有关成本数据。

（3）按成本项目和成本特性分解目标成本。

这种分解方法是以成本项目为主并参照成本特性来分解目标成本。其具体分解方法是：将目标成本分解为直接材料成本、直接人工成本和制造费用。其中，直接材料成本又具体分为由生产中用量引起的成本和由供应中价格变动引起的成本；直接人工成本具体分为由工时定额变动引起的成本和由于小时工资率变动引起的成本；制造费用则按其与产量的关系，分为变动制造费用和固定制造费用。

3. 目标成本的控制

目标成本分解落实以后，就进入了目标成本的实际执行过程，在这一过程中，进行成本控制尤为重要。

目标成本控制就是根据目标成本的要求，规定各种定额和标准，采取各种控制的方法和手段，按照定额和标准进行控制，并且要经常对照检查，发现差异，及时加以调整。

目标成本控制的手段和方法是多种多样的。

(1) 营业成本控制。

物业公司根据年初预算，将营业成本分为多费用项目，对其中的可控成本项目制定考核制度，定期进行经营管理日常考核，并对计划预算的执行结果进行动态分析、考核，以查明预算计划完成或未完成的原因，制定预警机制，以便采取措施，改进工作，及时调整管理方案。营业成本明细表是反映物业管理企业在报告期内发生的营业成本及其构成情况的报表。该表一般按照费用项目分别反映各项费用的计划数、上年同期实际数、本月实际数和本年累计实际数。营业成本明细表的一般格式如表6－6所示。

表6－6　营业成本明细表

项　目	行次	本年计划	本月实际	上年同期实际	本年累计实际
保安员薪酬					
清洁员薪酬					
物业员薪酬					
电梯养护费					
花草养护费					
水景养护费					
公共用水费					
公共用电费					
工具耗材添置费					
其他设施维修费					
固定资产折旧费					
节假日活动宣传费					
员工制服费					
其　他					
合　计					

人工成本实行定岗定员，物业公司可以允许主动缺员。所谓主动缺员，是指针对某些岗位人员素质低，服务意识差，不能给企业带来经济效益和社会效益，对于这样的岗位人员，宁缺毋滥。其他费用项目实行年初预算，严格按预算目标进行双月考核，日常考核制度与员工工资挂钩，核定预算额度标准，实行年度总额控制。

日常耗材是物业管理企业的一项重要费用支出，管好专业耗材是物业企业成本控制的重要环节。由于物业管理企业是围绕“人的住用环境”，以物业为对象，以人为核心开展专业管理与服务，如各类房屋建筑及附属设施设备的维修养护，物业环境的治安保卫、消防管理、清洁保洁、污染防治、绿化管理、停车场管理等，每一项业务的开展均需耗费物料用品。

为了加强和规范物料用品采购的管理，严格控制和节约各类物品的支出成本，物业公司日常对各种耗材的管理，分为由公司统购的物品和由管理处自行采购的非统购物品两种方式，对大宗、常用、易损物品由公司统一采购，各管理处根据年初预算的需求，到公司仓库领用，对单位价值较低，非常用物品由各管理处自行采购。

年度预算时公司从多方面考虑，根据各个物业区域的设施设备、房屋及附属物的老化程度进行物料耗材的预算。如对于清洁保洁用品的预算可以按照保洁人员的数量、保洁区域的档次和清洁卫生工作所负责的面积大小，来配置不同的保洁工具用具，预算出不同的费用额。公司对物品的采购实行年初预算总额，日常管理过程中放权和收权相结合的管理模式，通过建立健全物品管理的内部控制制度，在物品采购、领用、储存管理上建立规范的操作程序，堵住漏洞，降低成本。

（2）管理费用控制。

管理费用明细表是反映企业在报告期内发生的管理费用及其构成情况的报表。该表一般按照费用项目分别反映各项费用的本年计划数、上年同期实际数、本月实际数和本年累计实际数。管理费用明细表的一般格式如表6－7所示。

表6－7的“本年计划”根据企业行政管理部门的本年度管理费用计划数填列；“上年同期实际”根据上年同期本表的累计实际数填列，如果上年度本表的费用项目与本年度不一致，应将上年度的有关数字按照本年度本表的项目调整填列；“本年累计实际”根据管理费用明细分类账本年累计的实际发生额填列。

表6－7　管理费用明细表

项　目	行次	本年计划	本月实际	上年同期实际	本年累计实际
管理人员薪酬					
物业管理行政办公费					
物业财产保险费					
业务招待费					
交通差旅费					
固定资产折旧费					
其　他					
合　计					

（3）财务费用控制。

财务费用明细表是反映企业在报告期内发生的财务费用及其构成情况的报表。该表一般按照费用项目分别反映各项费用的本月计划数、上年同期实际数、本月实际数和本年累计实际数。财务费用明细表的一般格式如表6－8所示。

表6-8 财务费用明细表

项目	行次	本年计划	本月实际	上年同期实际	本年累计实际
利息支出（减利息收入）					
汇兑损失（减汇兑收益）					
调剂外汇手续资					
金融机构手续费					
其他筹资费用					
合计					

上表的“本年计划”根据企业本年度财务费用计划数填列；“上年同期实际”根据上年同期本表的累计实际数填列，如果上年度本表的费用项目与本年度不一致，应将上年度的有关数字按照本年度本表的项目调整填列；“本年累计实际”根据财务费用明细分类账本年累计的实际发生额填列。

在目标成本的控制中，对于符合目标成本要求的行为，可以不予干预，对于超标准、超定额的支出，就必须加以限制。对于违反国家财经制度规定的支出，就要实行监督，加以纠正。对于达不到目标成本的行为，则要加以指导和帮助，分析原因，采取措施，促使其达到目标成本。如果目标成本本身确实存在着不合理的地方，或者在执行中客观条件发生了重大变化，就应进行必要的修改，使目标成本能够接近成本水平。计划成本则反映了企业在整个计划期内成本的奋斗目标。

三、资金控制

资金管理是财务管理的核心内容。显然，资金管理的目标与企业管理的目标是一致的。企业在商品经济条件下经营的动机是通过对商品、劳务的提供，来满足社会需求，并在这种满足过程中，获得比其原来的投入大得多的收益，这就是经营获利。资金管理则是通过有效的资源配置，千方百计以尽可能少的耗费，取得尽可能大的盈利，在一定时期追求企业价值最大化。资金控制的内容包括：

（一）合理筹集资金

物业管理资金的来源，除资本本金或者银行贷款外，其他物业管理收入都是向业主或使用人收取的管理费用，所以资金的筹措必须注重社会效益和经济效益的有机统一。物业管理资金的来源渠道和数量都非常有限。主要有：物业管理的启动资金，即资本金；物业维修资金；日常综合管理服务费及经营性收入。至于其他渠道，如银行借款资金，由于物业管理企业几乎都是中小企业，其注册资本较少，资本实力有限，土地、房屋等银行认可的不动产资产数量较少，缺乏信用保证，所以难以取得银行贷款。

大型物业公司筹资时，应充分考虑各个下属公司之间的资金余缺，充分利用其闲置资金；此外，还要考虑银行贷款利率的变动趋势，合理安排短期借款和长期借款之间的结构，在保证资金需求的条件下降低资金成本。

（二）合理使用资金

物业公司资金管理最好的办法是实行集权式管理，这样不仅可以避免出现资金使用散乱的现象，而且可以利用闲散资金进行研究开发、对外投资等，谋求资金的短期收益。物业公司对资金使用的控制，一方面可以通过公司财务部门集中进行公司货款结算以及企业内部的资金调拨；另一方面可以通过现金收支日报表，加强对各下属公司现金流出的日常监控，达到节约使用资金的目的。

（三）加强公司系统内资金使用的监督和管理，保证资金安全

公司财务管理部是公司资金管理部门，办理各管理处以及公司内部独立单位的结算和资金管理工作，财务管理部具有管理和服务的双重职能，与下属管理处在资金管理工作中是监督与被监督、管理与接受管理的关系，在结算业务中是服务与被服务的客户关系。

例如，在存款管理方面，物业公司可在管理处附近的银行保留一个存款账户，办理小额零星结算，以点带面，全方位控制收入来源，所有现金类资金在公司规定的限额及时效内缴存银行，由公司统一管理和控制。在资金支出方面，物业公司根据各管理处实际情况，酌情核定备用金，严禁坐支现金。再如，在资金管理和检查方面，物业公司财务管理部以资金的安全性、效益性、流动性为中心，定期开展以下资金检查和管理工作，并根据检查情况，定期向总经理、董事长专题报告。包括：①定期检查各管理处的现金库存状况；②定期检查各管理处在财务管理部的结算情况。

（四）提高会计人员素质，规范和健全企业会计核算工作

会计核算工作规范化是企业财务管理活动的重要工作，也是企业进行财务分析、财务决策的基础。而规范化工作是建立在会计人员工作的基础之上的，因此，人力资源的开发至关重要，会计人员的素质必须提高。只有采取得力措施提高会计人员的素质，才能做好企业的会计基础工作，才能规范和健全会计核算工作。定期或不定期地对会计人员进行培训，使有关人员了解和吃透国家有关财政政策和法规，更好地执行国家有关的会计制度；健全会计机构，按业务的需要配置会计人员，会计人员上岗必须符合国家规定的要求；按新制度规定正确设置和使用会计科目，填制和审核会计凭证、登记账簿、编制财务报告，及时提供合

法、真实、准确、完整的会计信息；依照财经法规和财务制度进行会计核算，实行会计监督。

由于物业管理企业管理项目分散，公司应成立一支业务熟练、具有专业技能的会计队伍，财务人员分散办公，统一管理，各管理处财务人员全部采用电算化，统一核算方式、统一核算程序、统一核算模式。公司财务管理部按管理处设置明细账，单独核算到管理处，各管理处财务核算到每一户业主各项应收费用。

综上所述，物业管理行业作为一个相对较新的服务行业，产品的特殊性使企业自身具有特殊性。面对激烈的市场竞争，物业管理企业财务问题成为影响企业核心竞争力的关键。如果物业管理企业想获得长足的发展，就必须从改善财务管理的现状入手，建立适应物业管理企业发展的新的财务管理模式，以更好地促进物业管理企业的发展壮大。

思考题

1. 什么是财务预算？财务预算有什么作用？
2. 财务预算编制的步骤是怎样的？
3. 财务预算编制有哪些方法？
4. 财务预算控制系统的内容有哪些？
5. 怎样进行财务预算控制？

第七章　物业管理企业的会计报表分析

学习目标

通过本章学习，应该熟练掌握下列内容：

①财务分析的目的；

②财务分析的资料；

③财务报告分析评价的标准；

④财务分析方法；

⑤财务报告的横向分析；

⑥比率分析法；

⑦财务综合分析；

⑧物业管理的效益评价。

第一节　财务分析概述

任何管理工作都涉及分析现在、预测并规划未来，物业管理公司理财亦不例外。物业管理公司财务分析是了解其经营成果和财务状况的重要途径，同时也为预测和规划未来提供了基础。因而，物业管理公司的财务分析与效益评价是其财务管理活动的重要组成部分。

财务分析是企业财务管理的一个重要环节，它为各方面提供所需要的财务信息。具体来说，就是指运用各种分析方法和技巧，通过对公司财务报告以及相关资料有目的地加以考察、分析，来评价公司过去的经营业绩，衡量公司现在的财务状况，预测其未来的发展趋势，为公司正确理财提供科学依据的一个过程。

财务分析的过程是对财务会计信息进行加工利用的过程。信息的使用者不同，其财务分析的目的、重点和运用的方法就不相同。在探讨财务分析的具体方法之前，有必要了解财务分析的目的及所需的资料等。

一、财务分析的目的

物业管理财务分析是以物业管理公司的财务报表等相关资料为基础，运用特定方法，对物业管理公司的财务状况和经营成果进行研究、评价和预测，从而为物业管理公司管理层和外部相关利益团体的经济决策提供决策信息的一种管理活动。

尽管财务分析对物业管理公司管理层和外部各利益团体（包括业主）都至关重要，然而，只有物业管理公司进行的财务分析较全面、深入。外部各利益团体由于经济决策的具体目的不同，财务信息的需求不大一样，因而其财务分析的目的各有不同。如债权人重点分析物业管理公司的偿债能力，投资者偏重了解物业管理公司的获利能力，而业主则侧重评估物业管理公司的管理服务素质和质量等。物业管理公司管理层受投资者委托，全权负责物业管理公司的经营管理，其财务分析不仅要包括物业管理公司偿债能力、获利能力及其发展趋势分析，还涉及对管理效率等能力的评价。此外，外部各利益团体的财务分析以物业管理公司提供的财务报表为基础，为了满足信息需求者的不同信息需求，按照我国会计准则及有关法规编制的财务报告仅提供各方共同需要的信息。物业管理公司进行财务分析时，除利用财务报表中反映的资料外，尚可借助于日常核算和经营资料进行更深入的分析。可见，尽管财务分析对物业管理公司管理层和外部各利益团体（包括业主）都至关重要，但由于他们在物业管理公司有着不同的经济利益，从而导致财务分析的具体目的和方法也有一定的差别。由此看来，财务分析的具体目的可归纳为：

1. 评价公司的财务状况

就公司管理层、业主和债权人而言，分析公司的财务状况，可以了解公司在一定时日资产的水平、构成状况及其流动性，负债的水平、构成状况及其与资产的比例关系，从而对公司的经营风险和偿债能力作出正确的判断。

2. 评估公司的管理效率

管理效率的高低，是公司管理能力的集中反映。由于大多数负债一经确定，就具有相对的固定性，同时，公司的生产经营过程就是运用资产赚取收益的过程，负债融资仅是公司为增加所控制的经济资源而作出的经济决策，因此，管理效率的高低主要表现在资产的管理效率上。分析公司的资产管理效率，有助于评价公司的资金营运状况、经营管理水平乃至公司的整体素质。

3. 评价公司的获利能力

物业管理公司的经营目的有多种，尽管其基本业务——物业管理服务是一种盈利不多的业务，但毋庸置疑，作为一种经营性组织，盈利是其主要经营目的之一。盈利的多少或获利能力的高低不仅对物业管理公司的投资者和管理层本身至关重要，而且对债权人，特别是长期债权人也十分重要，因为公司偿付长期债务能力的强弱，在很大程度上取决于公司的获利能力。此外，在充分履行物业管理服务合约的前提下，获利能力的信息对业主也有一定价值，它至少反映了公司经营素质特别是管理素质的高低。

综上所述，财务分析的一般目的在于，通过对公司的财务状况和经营成果进行分析、评价，为物业管理公司管理层和外部利益团体的相关经济决策提供依据。

二、财务分析所需的资料

公司财务分析是在其他信息的基础上进行的。因此，在财务分析之前，必须收集内容真实、数字正确的相关资料。主要有：各种核算资料和有关计划、定额、标准的资料；有关财务决策、股票发行等的会议记录、决议、纪要、报告、备查簿、备忘录等文字资料和情况。可以说，财务分析主要依据会计、统计、业务核算与计划资料以及大量不可计量因素的资料，来提供全面、系统、准确、及时的财务信息。其中，财务报告是其信息来源的主要依据。因此，财务分析有时也称财务报告分析。

（一）财务报告的含义及其组成

财务报告是反映公司财务状况与经营成果的书面文件。包括主要会计报表及附表、报表注释与财务状况说明书。企业一切利益相关者都对此书面文件作出自己特定的评估，分析报表的过程就是揭示利益和问题的过程。企业的所有理财和经营活动，都是通过财务报表体系来加以反映的。

我国《企业财务通则》第四十一条规定：企业应当定期向投资

者、债权人、有关的政府部门以及其他报表使用者提供财务报告。这些财务报告包括资产负债表、损益表、现金流量表、有关附表注释及财务情况说明书。财务报告的组成内容如表 7－1 所示。

表 7－1　财务报告的组成内容

<table>
<tr><td colspan="5">企业外部进行经济决策所需要的财务信息</td></tr>
<tr><td colspan="4">财务报告</td><td rowspan="3">其他要求披露的信息</td></tr>
<tr><td colspan="3">会计报表</td><td rowspan="2">其他财务报告</td></tr>
<tr><td>基本报表</td><td>附　表</td><td>附　注</td></tr>
<tr><td rowspan="3">1. 资产负债表</td><td>存货表</td><td rowspan="8">会计政策、方法
会计政策变动某些重要项目的详细说明
或有事项
期后事项
非常事项</td><td rowspan="8">1. 分析人员报告
2. 预测报告
3. 比较报告
4. 财务比率报告
5. 物价变动影响报告
6. 分部信息报告
7. 职工报告
8. 社会贡献与责任报告
9. 财务情况说明书</td><td rowspan="9">上市公司应披露的其他信息如：证监会要求披露的其他信息、统计信息、公司新闻等</td></tr>
<tr><td>固定资产变动与结存表</td></tr>
<tr><td>在建工程表</td></tr>
<tr><td rowspan="4">2. 利润表</td><td>利润分配表</td></tr>
<tr><td>主营业务收支明细表</td></tr>
<tr><td>管理费用明细表</td></tr>
<tr><td>营业外收支明细表</td></tr>
<tr><td>3. 现金流量表</td><td>投资净收益明细表</td></tr>
<tr><td colspan="3">应符合企业会计准则和行业会计制度要求
要求注册会计师审计</td><td>必要时要求注册会计师审计或审阅</td></tr>
<tr><td colspan="5">应符合证券管理机构的规定和要求</td></tr>
</table>

由表 7－1 可以看出，财务分析所依赖的信息来源由五个

部分组成，其中最重要的是财务报告。而财务报告是由会计报表、附注、财务情况说明书三个部分组成的。因此会计报表是财务报告的基础，也是其信息来源的主要资料，下面分别简述。

1. **基本会计报表**

会计报表并不等于财务报告，会计报表仅仅是财务报告的基本组成部分，因此，两者不可混为一谈。会计报表是财务报告的核心。作为基本会计报表，主要包括以下三种。

（1）资产负债表。资产负债表是反映公司在某一特定时日（如月末、季末、年末）财务状况的会计报表，有时也称“财务状况表”，属于静态报表。其主要作用可概括如下：

①可反映公司拥有的经济资源及其分布情况。资产负债表把公司所拥有的各项资产按其经济性质、用途分为流动资产、长期投资、固定资产、无形资产等。各类资产项目下又细分成许多明细项目。如流动资产项目根据其变现速度又可分为现金、银行存款、短期投资、应收及预付款、存货等。这样，报表的分析者便可一目了然地从资产负债表上了解到公司所拥有的各类资产总量及其构成。

②反映公司财务结构状况及其负债经营的合理程度。资产负债表的左边表现了其资源构成状况，右边则反映了公司的权益结构状况。公司的权益由两部分构成：一是债权人权益即负债部分，通常是按其偿还期限的长短分为流动负债和长期负债；另一部分则是所有者权益，所有者权益又由四部分构成，而各部分之间的相对比例则反映了公司的权益构成变化，特别是负债经营的程度是否合理等信息。

③通过分析表内有关项目的构成比例，观察公司的偿债能力与筹资能力。财务分析常用的分析方法是比率分析法，如将流动资产与流动负债相比，称为流动比率，还有速动比率、现金比率等，用以考察公司的偿债能力和筹资能力。

④通过分析评价公司经营业绩，可以预测公司未来的财务状况。虽然资产负债表反映的是公司某一特定时日的财务状况，但是若将不同时日的相同项目相比，或将期初与期末相比，便可以分析出相关项目的变化情况，从这些变化中考察公司某一段时期的经营业绩，预测公司未来的财务状况。

总之，资产负债表可以帮助财务报告的分析者了解评价企业的财务状况信息，但由于它是一张静态报表，因此，所提供的信息有一定的局限性。具体表现如下：

①资产负债表不反映现时价值。由于资产负债表中各项目均是以历史成本列示，而通货膨胀却是普遍存在的，因此，以历史成本反映的各类资产价值无法反映出其现时价值。

②资产负债表遗漏了很多无法用货币表示的重要经济资源和业务信息。由于会计报表的基本前提就是以货币为计量单位，因此，那些无法用货币计量的财务状况就不能反映出来，如人力资源、公司自创的商誉、公司所承担的社会责任等。这些信息虽然无法用货币计量，但对投资者或债权人来讲具有很重要的决策价值。

③有关会计要素的确认与计量有人为估计的影响。例如，根据会计的配比原则、权责发生制原则等，每期所计提的固定资产折旧、坏账准备等都需要人为估计或判断。同样，一些资产的计量本身存在着方法的可选择性，不同的会计主体可能会选用不同的会计处理方法，因此，不同的会计报表所提供的会计信息的可比性就会受到影响。

④阅读资产负债表必须运用判断、计算、分析等方法。如公司的偿债能力，不能从资产负债表上直接得到相关信息，只能通过计算其相关比率的方法分析取得。也就是说，资产负债表所提供的并不是直观的财务信息，分析者需用自己所掌握的知识来分析取得。因此，同一张报表，不同的分析者可能得到的财务信息会不相同。这也影响了资产负债表的广泛运用和其

本身的价值。

（2）利润表。利润表也叫损益表，是反映公司在一定期间经营成果的报表，它是一张动态报表。企业在一定期间（如一个月、一年等）的经营活动绩效通过权责发生制原则和配比原则确认计算的营业收入、费用、利润三个动态会计要素来表示。一般来讲，由于利润是企业经济效益的综合表现，对利润的追求，是企业生存和发展的基础。作为企业经济效益的综合表现，利润不但是衡量企业作为经营主体所取得的经营业绩的主要指标，而且也是对企业经营成果进行分配的重要依据。投资者、债权人、职工、管理者及政府有关部门十分重视这一经济指标，因为该指标的高低会直接影响到他们各自的利益。此外，损益表提供的信息还是评估投资能力、管理水平、经营状况分布以及未来现金流量的估计等的重要资料。其具体作用如下：

①揭示了公司生产经营活动的主要成果及获利能力。损益表通过分步式的列示方法，详细地将公司生产经营活动、投资活动和营业外其他活动的收入、支出进行对比列示，并通过计算直观地将其收、支差额即利润展示在报表上，给分析者以简单、明了的信息感觉。另外，报表分析者通过衡量公司的营业收入、成本费用、利润、税金等绝对数指标，或通过投资收益率、销售利税率、成本费用利润率等相对数指标来评价、分析公司在这一期间的经营业绩和获利能力，以便作出正确的决策。

②有助于考核企业管理人员的经营业绩。现代企业以“两权分离、产权明晰”为其主要特征，因两权分离而使得对公司管理人员受托资源经营管理责任的考核成为一个重要课题。由于利润指标的综合性，以及它是在公司的生产、经营、投资、分配等各项理财活动中管理效率和效益的直接表现，因此，人们常常以利润指标作为考核管理者管理水平的重要指标。

③有助于公司管理者作出正确的经营决策。通过分析利润表中有关利润、收入与成本之间的相互关系，管理人员可以从中找

出增加收入、降低成本和费用，最终增加利润的途径。通过利润构成项目的分析，可以找出供、产、销等环节中存在的问题，并据以作出调整产品结构或增加产销数量等经营决策。

④有助于评价、预测公司未来的现金流量及长期偿债能力。公司长期的偿债能力往往取决于公司的负债结构、未来的现金流量和获利能力等因素，而获利能力是其关键的因素。获利能力强，未来的现金流量可能就越稳定，偿债能力自然就会增强。另外，获利能力还决定着资产的流动性，从而进一步定着它的偿债能力。

损益表在财务分析中所起的作用越来越受到人们的重视。但与资产负债表相似，损益表也表现出一定的局限性：

①由于编制损益表时会涉及两种不同的观点即“本期营业观”和“损益满计观”，而利润的计量也涉及两种不同的观点即资本“维持观”和“交易观”，因此，损益表本身在编制的过程中就存在一定的可选择性，从而使得不同编表者对同一公司同一时期的损益表编制的结果可能出现差异，而不同公司的报表的差异就可想而知了。所以，损益表所提供信息的可比性也受到了一定限制。

②由于受收入实现原则的影响，现行损益表只反映公司已实现的利润，而不包括未实现的收益，因此，对报表的使用者进行决策造成一定的不利影响。因为潜在的收益有时更为重要。

③会计利润只考虑对原始投入货币资本的保值，体现在对成本、费用的确认是以历史成本为基础，而在物价变动的情况下，货币资本的保值并不能从实物形态或使用效能上保持资本的完整，从而有可能造成虚盈实亏的现象，这也使其信息的客观性受到一定影响。

（3）现金流量表。现金流量表是以公司一定期间的现金流入与现金流出汇总来说明公司在报告期内经营活动、投资活动及筹资活动所涉及的现金资产的动态会计报表。现金流量表的主要作用可概括如下：

①评估企业在未来创造净现金流量的能力。所有者、债权人进行投资与信贷的主要目的都是为增加未来的现金流入。只有通过现金流量表分析，他们才能掌握投资对象的有关现金流量的信息，从而为自己的决策提供依据。

②可评估偿还债务、分派股利、对外融资等能力。债务的清偿、股利分派都需要用现金资产来支付，对外融资时更需要一定的偿付能力作保障，而公司是否具备这些能力，即是否拥有所需的现金数量，就需通过现金流量表来分析确定。

③可以确定净利润与相关现金流量所产生的差异的形成原因。一般情况下，在一定的会计期间公司实现的利润并不正好与当期的现金净流量相等，而往往存在一定的差异，其主要原因是由于利润的确认是依据权责发生制确认的，而现金流量是以收付实现制确认的。这种差异的揭示，便于投资者、债权人更合理地预测未来的现金流量，更准确地进行投资决策。

④便于评估当期的现金与非现金投资活动和重要理财活动对企业财务状况的影响。现金流量表将整个报告期的现金流量划分为三部分：一是经营活动的现金流量；二是投资活动的现金流量；三是筹资活动的现金流量，使读者更为直观地评价与其相关的现金流量的高低。此外，还披露了一些与现金收付无关，但对公司理财活动有重大影响的经济事项，这对报表的分析者来说也是十分重要的。

2. 附表

除了上述几张基本会计报表以外，用来进行评价分析的还有公司所提供的一些附表。如利润分配表、主营业务收支明细表、存货表、固定资产结存与变动表等。这些附表都是从某一个方面揭示公司重要财务状况的详细资料。

3. 附注

附注（或称注释）是财务报告不可缺少的组成部分，是对报表本身难以充分表达或无法表达的内容和项目，以更加浅显易懂的形式所作的补充说明和详细解释。按照重要性原则，报表注释的内容应包括已经或将会对企业财务状况、经营成果、现金流量等产生重大影响以及影响用户决策的重要事项，如公司在报告期所采用的重要会计方法、会计方法变更的理由及其对会计报表的影响，主要的期后事项、非常事项、或有事项或报表细节等。

4. **其他财务报告**

主要包括公司财务人员提供的一些分析报告和财务情况说明书。

5. **其他要求披露的信息**

按照重要性原则，公司还应该提供一些某方面要求披露的信息。按证监会的要求应该披露公司重大事件公告书、公司新闻等信息。

（二）财务报告的使用

财务报告是财务分析的重要依据，对不同的使用者来说，由于其关心的侧重点不同，因此，所起的作用也各不相同。简单地可以归结为以下五个方面：

1. **企业所有者**

由于所有者如公司的股东是公司永久性资本的投资者，他们最关心自己投入的资本有多少回报，是否会面临风险，以及可以使资本增值的机会等。而他们又不可能人人亲临公司进行了解分析，而且，随着所有权与经营权的相对分离，所有者直接参与公司的经营管理越来越少，这样财务报告就自然而然地成了所有者了解公司财务状况的桥梁。通过对财务报告的分析，投资者可以了解公司最近的经营成果、资本结构、资本的保值增值、利润分配、现金流量等详情，据以作出是否追加投资、减少或放弃投资等投资决策以及评价公司管理者的管理水平、经营业绩等，以便作出是否继续委托代理等决策。

2. **企业债权人**

债权人是公司负债资金的提供者，他们最关心的是债权资金能否按期望的收益、时间收回，因此，他们必须及时了解公司举债经营、资产抵押、偿债基金准备、产权结构、资产的流动性、现金的净流量等信息，判断公司偿债能力、评价公司信用状况以进行有效的债权投资决策。这些也只有通过管理者定期提供的财务报告来进行分析。一般来讲，公司资产的流动性和长期偿债能力对债权人估计自己的投资风险是最重要的。这些信息可以通过分析财务报告的相关指标来获得。

3. **企业管理者**

对公司的管理者而言，虽然财务报告是管理者编制的，但报告必须在真实、公允的基础上提供。管理者可通过编制、分析财务报告，了解自己的经营管理决策是否有效、各项经营活动的绩效，发现经营过程中存在的问题并据以进行下一步有关决策的调整和经营方针、方法的改进，提高管理水准，以创造最佳管理绩效。

4. **政府的有关管理部门**

政府的有关管理部门，比如税务机关可以通过对财务报告的审阅，了解公司纳税申报的执行情况，据以监督公司依法纳税，确保国家税收的及时性。再如工商管理部门，可以通过对公司财务报告的审阅，监督公司经营活动的合理、合法性，以维护正常的社会经济秩序。还有政府的宏观经济管理部门，可以通过公司财务报告披露的财务信息了解经济资源配置的状况与效益，评估公司的财务状况和经营成果对所在行业和整个国民经济产生的影响，通过综合各种信息，制定出符合国情的宏观经济政策。

5. **其他与公司有利益关系的各种团体、个人、法人单位**

其他与公司有利益关系的各种团体、个人、法人单位等，也是通过分析公司的财务报告获取各自所需的信息的。例如公司的供应商通过分析该公司的财务报告，可以了解公司的发展前景、经济实力、信用等级等信息，据以作出是否与其继续合作、扩大合作等决策。总之，不同的信息使用者可以根据自己所需，通过对财务报告的分析，对公司的过去、现在、未来作出相关的评价、预测和决策。

（三）财务报告分析评价的标准

财务报告分析的主要任务是剖析报告的信息内涵，解释报告信息的意义，并在此基础上得出一定的结论，作出一定的判断或决策。因此，报告的分析者在作出正确的判断或决策之前，首先必须要有一个可以参照并据以作为“标准”的依据。特别是在对某些数据下结论前，一定要有比较的参照物。比如在评价分析公司偿债能力时常用的流动比率，有人认为2:1 比较合适，低于2:1 会存在不能按期还本付息的可能，但是否对所有的企业都是如此呢？显然不是。这个比例在不同的行业间存在着较大的差别。那么，如何确定分析评判的标准呢？下面我们介绍四种理财实践中常用的基本标准：

1. 历史水平

将有关指标与本企业的历史水平相比较，或与连续几期的同一指标相比较，可以反映出企业该指标所反映信息的变动趋势及本期的经营绩效的优劣。特别是在趋势分析中所主要参照的就是历史标准。历史标准资料容易取得，因此，本企业的历史水平是最常用的评价标准之一。

2. 目标标准

企业的目标标准就是公司在期前所作的预算或计划。将本期所实现的各类指标同预期的目标相比较，可以找出工作中的不足，衡量公司实际的经营能力及负荷状态，找出差异及其原因，以指导下一期的各项决策。

3. **行业标准**

行业标准可以是同行业中的平均水平，也可以是同行业中的先进水平。将公司本期的财务状况及经营成果与同行业有关指标相比较，可以看出公司在同行业中的竞争能力，找出本公司与同行业先进水平之间的差距，进一步挖掘公司的潜力，作出正确的发展规划。投资者可以通过指标的比较分析调整自己的投资决策，以取得更高的投资报酬。

4. **经验标准**

经验标准是理财学家和理财工作者多年来所积累形成的一些经验标准，是一种较为理想的数据标准，有的可能接近于平均水平，有的可能是理论上的理想标准。将财务指标与经验标准作比较，可以找出本公司实际能力与理想的差距，进一步判断、评价公司财务状况、经营绩效的优劣，并据此作出有利于自己的理财决策。

（四）财务分析的要求

财务分析所提供的信息恰当与否，对经济决策的正确性有着十分重要的影响，因此，进行财务分析时需谨慎从事，并按以下要求进行：

1. **分析依据的公允性和充分性**

由于财务报表是财务分析的基本依据，财务报表是否公允，直接影响着财务分析结论的正确性。判断公司财务报表是否公允的标准为：①在报表的所有重要项目上，财务报表揭示的信息是否可靠、公允；②会计处理方法，包括会计核算方法和报表编制方法，是否前后期一致。如会计处理方法前后期发生变动，宜在财务分析之前进行必要的调整，以消除其对分析结论可能产生的影响。

进行财务分析，除利用企业财务报表反映的财务信息外，还需收集其他相关资料，主要包括物业管理行业的发展状况、国家制定的有关物业管理行业的法律法规和政策、企业在本行业中的地位、本行业中大多数公司的财务状况和经营成果等，所有这些信息都是进行物业管理财务分析所必需的。

2. **分析方法的恰当性和综合性**

财务分析方法的选择，取决于财务分析的目的。现实中，财务分析的具体目的不尽相同，财务分析的方法也必然会有所差别。依据分析目的恰当地选择分析方法，是形成正确分析结论的前提之一。例如，业主最关心物业管理公司的管理素质，分析时应选择相应的方法，侧重评估公司管理效率和经营管理水平的高低；公司管理层为提高经济效益，十分关注经营管理中存在的问题，其选择的分析方法常常会涉及对偿债能力、获利能力和经营管理效率等的评价。与此同时，值得注意的是每一种分析方法都有一定的局限性，因此，为提高分析结论的正确性，就分析目的而言，有时要综合运用多种不同的分析方法。

3. **分析判断的准确性**

财务分析过程，是个去伪存真、去芜取菁、由表及里的分析判断过程。在判断影响公司财务状况、经营成果的因素时，应进行深入的调查研究，重点区分主次因素及其影响，不被表象所迷惑，从而形成客观、可靠的分析结论。

（五）财务分析方法

物业管理公司的财务分析多种多样，按分析方法的不同，可分为横向分析、纵向分析和综合分析三类。

1. **横向分析**

横向分析又称比较分析，是将同期财务报表中的两个或多个项目进行比较，以反映它们之间的相互关系和所处状况的分析方法，它包括比率分析和构成分析两种。

2. **纵向分析**

纵向分析又称趋势分析，是通过对物业管理公司连续数期

（年）的财务报表或财务比率进行对比，借以反映物业管理公司财务状况变动趋势的分析方法，它又具体分为指数分析和比率趋势分析两种。

3. **综合分析**

财务分析过程中，分析人员除重视比较分析和趋势分析外，还十分重视综合分析。尽管比较分析和趋势分析可分别揭示出物业管理公司经营状况及其变化动态的信息，但为了能更清晰地描绘出物业管理公司经营的总体状况，并指明物业管理公司改善管理的努力方向，需将比较分析和趋势分析揭示的信息进行综合判断，即综合分析。常用的综合分析方法之一是“杜邦体系”。

物业管理公司进行财务分析，研究、评价物业管理公司的财务状况和经营成果，必须以物业管理公司的财务报表为基础。财务报表是物业管理公司的偿债能力、获利能力和经营管理效率等的集中反映。目前，依据我国颁布实施的会计制度和公司法，物业管理公司提供的财务报表主要包括资产负债表、损益表、现金流量表和其他附表以及财务情况说明书。其中，进行财务分析主要运用资产负债表和损益表两大基本报表。本章以竹江物业管理有限公司为例，进行较为全面的财务分析，其资产负债表、利润表和现金流量表见表7－2、表7－3 表7－4。

表7－2　资产负债表

编制单位：竹江物业管理有限公司　　20×1年12月31日　　单位：元

资产类	年初数	期末数	负债类	年初数	期末数
货币资金	650 000	553 230	短期借款	200 000	300 000
应收账款	75 000	50 000	应付职工薪酬	60 000	80 000

（续上表）

资产类	年初数	期末数	负债类	年初数	期末数
其他应收款	87 000	206 500	应付账款	30 000	68 000
存货	8 000	12 500	应交税金	15 000	35 651
待摊费用	6 000	5 000	其他应交款		658
流动资产合计	826 000	827 230	其他应付款	184 000	658 560
长期股权投资		500 000	流动负债合计	489 000	1 142 869
固定资产原值	250 000	250 000	长期借款		
累计折旧	50 000	75 000	长期应付款		
固定资产净值	200 000	175 000	递延税项		
在建工程			负债合计	489 000	1 142 869
固定资产清理			实收资本	500 000	500 000
固定资产合计	200 000	175 000	资本公积		
其他资产			盈余公积	37 000	
			未分配利润		-140 639
递延税项			所有者权益合计	537 000	359 361
资产总计	1 026 000	1 502 230	负债及所有者权益合计	1 026 000	1 502 230

表 7－3　利润表

编制单位：竹江物业管理有限公司　　20×1 年度　　单位：元

项　目	行次	本月数	本年累计数	上年累计数
一、主营业务收入	1	250 680. 18	1 103 400. 81	955 430. 00
减：主营业务成本	2	65 098. 65	354 615. 33	305 737. 00
主营业务税金及附加	3	13 787. 40	60 687. 04	52 548. 00
二、主营业务利润	4	171 794. 13	688 098. 44	597 145. 00
加：其他业务利润	5	556. 00	2 500. 00	3 000. 00
减：营业费用	6			
管理费用	7	156 367. 88	833 341. 12	564 645. 00
财务费用	8	－658. 15	－1 253. 68	－1 500. 00
加：投资收益	9			
三、营业利润	10	16 640. 40	－141 489. 00	37 000. 00
加：营业外收支净额	11	600. 00	850. 00	
四、利润总额	12	17 240. 40	－140 639. 00	
减：所得税	13			
五、净利润额	14	17 240. 40	－140 639. 00	37 000. 00

表 7－4　现金流量表

编制单位：竹江物业管理有限公司　　20×1 年度　　单位：元

项　目	行　次	金　额
一、经营活动产生的现金流量		
销售商品、提供劳务收到的现金	1	1 163 400.81
收到其他与经营活动有关的现金	8	666 963.68
现金流入小计	9	1 830 364.49
购买商品、接受劳务支付的现金	10	536 614.65
支付给职工以及为职工支付的现金	12	565 650.15
支付的各项税费	13	24 377.89
支付的其他与经营活动有关的现金	18	200 491.65
现金流出小计	20	1 327 134.34
经营活动产生的现金流量净额	21	503 230.15
二、投资活动产生的现金流量		
取得投资收益收到的现金	23	
收到其他与投资有关的现金	28	
现金流入小计	29	
购建资产所支付的现金	30	250 000.00
投资所支付的现金	31	500 000.00
支付的其他与投资活动有关的现金	35	

（续上表）

项　目	行　次	金　额
现金流出小计	36	750 000.00
投资活动产生的现金流量净额	37	-750 000.00
三、筹资活动产生的现金流量		
吸收投资所收到的现金	38	500 000.00
借款所收到的现金	40	300 000.00
收到的其他与筹资活动有关的现金	43	
现金流入小计	44	800 000.00
偿还债务所支付的现金	45	
分配股利等所支付的现金	46	
支付的其他与筹资活动有关的现金	52	
现金流出小计	53	
筹资活动产生的现金流量净额	54	800 000.00
四、汇率变动对现金的影响	55	
五、现金及现金等价物净增额	56	553 230.15
1. 将净利润调节为经营活动现金流量		
净利润	57	-140 639.00
加：固定资产折旧	58	75 000.00

（续上表）

项　目	行　次	金　额
待摊费用	64	-5 000.00
预提费用	65	
处置资产损益	66	
财务费用	68	
投资损益	69	
存货	71	-12 500.00
经营性应收项目	72	-256 500.00
经营性应付项目	73	842 869.15
其他	74	
经营活动产生的现金流量净额	75	503 230.15
2. 不涉及现金收支的投资及筹资活动		
债务转为资本	76	
3. 现金及现金等价物净增加情况		
现金期末余额	79	553 230.15
减：现金期初余额	80	
加：现金等价物的期末余额	81	
减：现金等价物的期初余额	82	
现金及现金等价物净增加额	83	553 230.15

第二节　财务报告的横向分析

所谓财务报告的横向分析，是指对公司某一个时期的财务报告进行分析。例如，分析资产负债表，以判断公司在期末这一时点上财务状况的好坏；分析损益表，以判断公司在本期经营成果的优劣。横向分析也可将本期财务报表中的数字加工成有一定含义的比率，如流动比率、速动比率等以反映公司某一方面财务状况的优劣。总之，横向分析只限于同时期的分析，所以又称垂直分析，包括结构分析、比率分析等。本节主要讲述结构分析，比率分析将在第三节讲述。

一、结构分析的含义

财务报告结构分析是指通过对财务报告间相关项目、同一会计报表各组成项目间的依存关系以及项目在总体中的比重进行对比分析以深入了解公司当前的财务状况和经营状况，发现其存在的问题并预测其发展趋势的一种经济活动分析。

一般来讲，结构就是指各个组成部分的搭配和排列。要搭配就必须有比例或组合，要排列就必须有顺序，而各种比例的确定和排序先后的确认都是通过对比分析来实现的。财务报告结构的对比分析包括三个方面：一是会计报表中各同类项目在总体中的比例以及与其他同类项目的比例的对比分析，如流动负债在总融资中的比重，以及流动负债与长期负债的结构合理性分析；二是会计报表中不同类项目的对照分析，如流动负债、流动资产的对比分析；三是同期不同会计报表的不同类项目的对比分析，如投入与产出的比较分析等。

二、结构分析的内容

如前所述，会计报表的结构分析应包括三个方面的内容。但是，由于会计报表种类结构对报表的分析来讲得不到所需要的理财信息，因此，一般不作为分析内容，这样报表结构分析的主要内容便可概述如下。

（一）会计报表的项目结构分析

通过分析资产负债表中各项资金投入与利润表中各项产出之间的关系，揭示公司在报告期的投入与产出结构。

（二）会计报表内部项目间结构分析

1. 资产负债表内部项目间结构分析

（1）资本结构（或融资结构）。

资产负债表的右边即负债和所有者权益的列示，揭示了公司全部资金来源和融资结构，反映了融资过程中所筹负债资金与自有资金的相互关系，这种关系称为资本结构（或融资结构）。资本结构问题是公司理财的一个重要问题。只有在最优资本结构下，公司才可能获得最佳的投资报酬。

（2）投资结构。

在资产负债表中将投资按回收期限的不同分为短期投资与长期投资两项进行列示，这里的投资均是指对外投资。实质上投资活动作为公司理财活动的重要一环，可以通过分析对外投资与对内投资的结构关系和长期投资与短期投资的相互关系，评价公司投资活动的合理性及其风险的大小。

（3）资产结构。

资产负债表的左边通过对公司一定时日各项资产项目占用情况的列示，揭示了公司此时的资产分布状况，而资产分布状况是否合理，直接影响着公司经营能力的高低和资源配置的优劣。只有最优的资源配置，才能创造出最佳的经营绩效。其中，特别是流动资产与长期资产的结构分析，还反映了公司资产的流动性与公司的偿债能力、获利能力等都直接相关。

（4）偿债能力结构。

公司债务的清偿需要通过资产来实现，一般短期债务的清偿取决于资产的流动性，长期债务的清偿，一方面取决于流动资产的多少，另一方面还与公司的资本结构、公司的获利能力等有关。获利能力越强，可变现资产越多，债务的清偿能力自然越强。因此，偿债能力结构分析不仅涉及资产负债表相关项目，还与损益表的有关项目有关。分析时，也不是采用个体占总体的比重方式进行，而是采用相应或关联个体与个体相比较的方式进行。

2. **损益表与利润分配表各项目结构分析**

（1）盈利结构。

通过损益表与主营业务收支明细表的各项目列示，可以揭示出公司通过产品销售活动、其他业务活动、营业外活动、对外投资活动形成的收益情况及其比例结构。还可通过分析影响盈利水平的主要产品或主要业务，进而分析公司盈利水平的稳定性和变动趋势。

（2）投入产出结构。

将资产负债表中有关资产运用项目和资本项目作为公司的投入，以损益表的收入、成本和盈利作为产出，就会形成各种投入产出比率，这些比率及组合就形成了投入产出结构。这种结构可以分为两类：一是资产的周转结构，它表明了各类资产的周转速度及其对总资产的影响；二是资产或资本的盈利能力结构，它揭示了资产或资本所带来的营业利润和非营业利润及总利润。但是需要注意，由于资产负债表是静态报表，而损益表是动态报表，因此，不能将两张报表直接对比，需将资产负债表的数据以其期初与期末的平均值为基数相比。

（3）利润分配结构。

通过利润分配表中有关利润分配的顺序和方向、数量的列示，可揭示公司利润分配的结构，从而评价公司利润分配的合理性以及对公司将来发展的影响等。

3. 现金流量表各项目结构分析

现金流量表主要揭示企业在某一会计期间内现金流入量与现金流出量的相关关系，反映以下现金流量结构。

（1）经营活动、投资活动、筹资活动所产生现金流量的比重结构，揭示其主要现金流量来源及运用。

（2）各项经济活动现金流入与流出的相对结构，可以评价各活动的绝对收益。如比较经营活动现金流入量与流出量的相对关系，可以反映经营活动所产生现金净流量的能力。这与前面的偿债能力结构、盈利能力结构等内容密切相关。

三、会计报表结构分析的方法

会计报表结构分析是对同一期报表所进行的分析，常用的方法一般有三种：比重法、比率法、因素替换法。下面主要介绍比重法，下一节详细介绍比率法。

比重法是在同一会计报表的同类项目之间，通过计算同类项目在整体中的权重或份额以及同类项目之间的比例，来揭示它们之间的结构关系。使用比重法时应注意，只是同类性质的项目之间才能进行比重计算，即只有同类性质的项目才可计算权重。通常采用比重法可以计算评价以下内容：①各资产占总资产的比重；②各负债占总负债的比重；③各负债及所有者权益占总负债和所有者权益的比重；④各项业务或产品利润、收入、成本占总利润、总收入、总成本的比重；⑤单位成本各构成项目占单位成本的比重；⑥各类存货占总存货的比重；⑦利润分配各项目占总分配额或利润的比重；⑧各项现金流入或流出占全部现金流入或流出的比重。

（一）资产结构类别比重分析

流动资产结构比是指流动资产占资产总额的比例。

$$流动比重 = \frac{流动资产}{资产总额} \times 100\%$$

流动资产是公司在一年内的可变现资产，它的比重越大，说明公司承担风险、清偿短期债务的能力越强。

现根据表 7－2，在 20×1 年年初和年末的流动资产比重计算如表 7－5 所示。

表 7－5　流动资产比重表

项　目	年初数	年末数	差　额
流动资产	826 000	827 230	1 230
总资产	1 026 000	1 502 230	776 230
流动资产比重	80.51%	55.07%	25.44%

从表 7－5 以看出，该公司的流动资产比率无论年初还是年末都较高，而 20×1 年年末比年初下降了 25.44%，如果不考虑其他因素的变动，这意味着公司资产的流动性或变现能力在降低，公司资产的风险性加大。但是，如果考虑到业务的增长，在流动资产周转速度不变的情况下，流动资产占用量应大体随业务的增长（或下降）同比例增长（或下降）。而固定资产及其他长期资产在销售增长（或下降）的一定幅度内并不会随之增加（或下降）。但竹江物业管理有限公司的情况与此不同，因为竹江物业管理有限公司 20×0 年的营业收入为 955 430 元（见表 7－3），20×1 年为1 103 400.81元，增长了 15.49%，而流动资

产几乎没变，固定资产在业务增长的同时保持不变，而长期投资股权投资增长了500 000元，两项因素的综合作用使流动资产比重在年末比年初下降了25.44%。当然，这只能是流动资产减少占用，加速周转的结果。应该说这对于加速公司资金周转，提高资金利润率是有利的。因此，问题的关键是流动比重的下降是否给公司带来流动压力（即债务清偿的压力），若不会，则流动比重的下降对公司有利；相反，若流动比重的下降会给公司造成一定的流动压力，则须权衡其风险与加速资金周转，提高流动资金利润率之间的利益关系。

（二）百分比财务报表分析

百分比财务报表分析又称构成分析，是以报表的特定项目为基础，将绝对数财务报表转化为相对数（构成百分比）财务报表，通过分析各项目在不同时期的百分比变化，借以揭示物业管理公司的资产、资金结构变化状况的一种比较分析方法。其中，百分比资产负债表一般以资产总额为基础（即100%），百分比损益表常以营业收入为基础。

在运用比重法分析时，还有一个常用的方法就是编制结构百分比分析表来进行相关分析。

结构百分比（比重）=（部分÷总体）×100%

通常，利润表的“总体”是“销售收入”；资产负债表的“总体”是“总资产”；现金流量表的总体是“期末现金余额”。下面仍然以竹江物业管理有限公司20×1年12月31日的资产负债表为基础，编制百分比资产结构表，如表7-6所示。

由表7-6可以看出，流动资产比重期末比期初下降了25.44%，其中流动性最强的资产项目包括货币资金、应收账款（减坏账准备）净额的下降比重为26.52%和3.99%，流动性居中的资产项目包括其他应收款、存货、待摊费用的总体略为上升，所以竹江物业管理有限公司流动资产比重年末比年初有大幅度的下降，主要是由于流动性强的项目比重下降，加上公司增加了一项500 000元的长期股权投资所致，如果再把增加的流动负债结合起来分析，这种下降将会使公司资产的风险增加。

表7－6　百分比资产结构表

项　目	年初数（%）	年末数（%）	差额（%）
货币资金	63. 35	36. 83	－26. 52
应收账款	7. 31	3. 32	－3. 99
其他应收款	8. 48	13. 75	5. 27
存货	0. 78	0. 83	0. 05
待摊费用	0. 59	0. 34	－0. 25
流动资产合计	80. 51	55. 07	－25. 44
长期股权投资	33. 28	38. 28	
固定资产原值			
累计折旧			
固定资产净值	19. 49	11. 65	－7. 84
在建工程			
固定资产清理			
固定资产合计			
其他资产			
递延税项			
资产总计	100	100	——

第三节 比率分析法

一、比率分析法的概念

比率分析法是将报表中的有关数据相互联系地构成一定的比率借以说明企业的四大重要指标情况。

比率分析法是根据财务报告中相互关联的两个项目，或多个项目的绝对数进行对比，从而得出一系列具有一定意义的相对数——财务比率，用以评价公司的财务状况和经营绩效的一种方法。比率分析法属于静态分析方法中的一个重要方法。该方法要求构成财务比率的相关项目绝对数首先来自同一历史时期，其次，不论是来自同一张报表还是不同报表均要求各项目之间存在一定的逻辑关系。否则，财务比率就会毫无意义。

比率分析法由于其独立性强，简单明了，而且形式灵活，因此，在财务分析过程中普遍受到报表使用者的青睐。在实务工作中使用非常广泛。

比率分析可以涉及经济活动分析的各个方面，特别是财务分析中，由于任何两个有逻辑关系的相互关联的项目都可以构成一个有一定经济意义的财务比率，因此，在实际工作中人们已总结出了许许多多有意义的财务比率，这些比率，可以独立使用，但大多数情况下是相互关联着来使用，以得出正确的评价结果。人们将这些比率按其反映的关系不同来分类，分为因果关系比率、结构关系比率、对应关系比率、周转关系比率等，但大多数情况下是以财务比率所反映的内容来划分的：①反映公司偿债能力的比率；②反映公司盈利能力的比率；③反映公司资金实力的比率；④反映公司资金运营状况的比率；⑤反映公司现金流量状况的比率；⑥反映公司各类会计要素的结构比率等。

二、企业财务状况的比率分析

（一）短期偿债能力的分析

偿债能力是分析企业是否能顺利偿付过去的债务，以及能否进一步举债的实力。偿债能力又可分为短期偿债能力和长期偿债能力。

短期偿债能力是指公司以流动资产及时偿付流动负债的能力，也就是流动资产对流动负债的保证程度。流动负债是在一年内或超过一年的一个营业周期内需要偿还的债务。这种债务的清偿，通常需要以流动资产作保障，更准确地讲是需要流动资产中的现金资产来清偿。因此，衡量一个公司有无短期的偿债能力，主要是看其资产的流动性，即可变现性的高低。这类指标主要有流动比率、速动比率、现金比率。

1. 流动比率

流动比率是流动资产总额除以流动负债总额的比值，其计算公式为：

$$流动比率 = 流动资产 \div 流动负债$$

从表7－2求得竹江物业管理有限公司的流动比率为：

20×1年年末流动比率＝827 230÷1 142 869＝0.72

20×1年年初流动比率＝826 000÷489 000＝1.69

一般认为，该比率越高，表明公司的短期偿债能力越强，短期负债得到偿还的保障越大；但比率过高，则意味着物业管理公司在流动资产上投资过多，从而可能影响公司的获利能力。其实，对流动比率的分析应根据公司的行业特点及公司的资产结构布局等实际情况进行分析。因为不同的行业对企业资产的流动性要求不同。另外，流动比率的高低还与公司所采用的经营、销售政策和管理水平等有关，特别是与企业的现金流量情况有关。

用流动比率指标评价公司的短期偿债能力时，需要注意以下四个问题：①流动比率的高低，并不能绝对代表公司偿债能力的高低。因为有时流动比率较高，但公司的流动资产大多数都集中于非现金资产时，公司的偿债能力也就可想而知了。因此，流动比率高，并不能说明公司已经有了足够的可变现资产用于偿还债务，有时可能是由于存货积压，应收款回收慢，待摊费用增加等引起的。②流动比率过高说明企业可能持有闲置现金资产，现金资产作为非盈利性资产，闲置一天就可能损失两天的价值，就不可能带来盈利，因此，就会存在机会成本，给公司造成损失。③该比率有时可能带有人为因素的影响。例如，提高存货的评估价值、少提坏账准备等增加流动资产价值；或者把短期债务变为长期债务等等。④该比率应根据公司特点具体分析，不可一概而论。

以上计算结果表明：竹江物业管理有限公司 20×1 年年初的短期偿债能力均较强，20×1 年年末却没有足够的短期偿债能力，主要是“其他应付款”有大幅度的增加，应进一步了解原因。

2. 速动比率（酸性测试比率）

速动比率指速动资产和流动负债总额之比，计算公式为：

$$速动比率 = 速动资产 \div 流动负债$$

公式中，速动资产指扣除存货后的流动资产，包括货币资金、短期投资、应收票据、应收账款等项目。

在评价短期偿债能力上，流动比率存在一定的局限性。流动资产中，各项目的变现能力有所差别，除货币资金外，短期投资、应收票据和应收账款均比存货的流动性高。存货须通过销售

（使用）和收款后，才能转换为货币资金。如果存货由于质量、价格等原因而无法使用，其流动性会大打折扣。其次，由于预付费用，包括待摊费用、预付账款、待处理流动资产损失的变现能力更差，因此，在衡量公司的债务保障时，应该将其扣除。一般物业管理企业的存货数量不大，在反映物业管理公司短期偿债能力上，速动比率比流动比率更具有意义。

竹江物业管理有限公司的速动比率为：

20×1 年年末速动比率 =（827 230 − 12 500 − 5 000）÷1 142 869 = 0.71

20×1 年年初速动比率 =（826 000 − 8 000 − 6 000）÷489 000 = 1.66

习惯上，速动比率以 1 为宜。由计算结果可知，竹江物业管理有限公司两年的流动比率与速动比率相差不大，是因为存货和待摊费用所占比重较低。

当然，速动比率也与流动比率有相似的特点：一是该比率的高低亦不可一概而论，而与公司的行业特点、管理水平、经营政策等有关。二是速动比率中仍有变现能力不确定的资产。如应收账款，有的企业应收账款及时收回的可能性高，有的企业应收账款及时收回的可能性差，应区别而论。三是仍可能有人为因素的影响等局限性。

3. **现金比率**

现金比率指现金和等值现金与流动负债之比。等值现金主要指与现金支付能力相同的银行存款、存单、有价证券、可贴现或转让的票据等流动资产项目。由于速动比率中依然存在资产变现能力的不确定性，如应收账款等。而债务的实际清偿需要真正的现金资产来进行，因此，为进一步准确、直接地衡量公司的短期偿债能力，便产生了现金比率这个指标。用公式表示为：

现金比率＝现金（现金等价物）资产÷流动负债

这样，以现金比率来衡量公司的短期偿债能力，就更为直观和准确，且以足量的现金资产作保障，则流动负债的安全性才能实现。该比率越高，偿还能力越强，负债的安全性就越好，但该比率不能太高，太高就会给企业带来较高的机会成本，从而丧失许多获利的机会。一般认为，该比率应该小于速动比率，不同的企业应根据自己的经营策略，拟定自己的标准。根据表7－2，竹江物业管理有限公司的现金比率计算如下：

20×1 年年末现金比率＝553 230÷1 142 869＝0.48

20×1 年年初现金比率＝650 000÷489 000＝1.33

可以看出竹江物业管理有限公司年末比年初的现金比率呈大幅度下降的趋势。但这只能说明该公司面临的流动性压力增大，还不能说明其债务已不能按期归还。因为，一是年初比率过高，可能有现金闲置，年末的下降是必然趋势。二是除现金之外还有应收款的收回等仍可用于还债。三是公司流动负债增加主要是内部的“其他应付款”。因此，该比率是不是低还应与该公司的现金流量状况和实际原因联系起来看，才能得到正确的结论。

从上述三个评价指标来看，竹江物业管理有限公司年末的偿债能力的确存在较大的下降趋势，这对债权人来说，是一个“危险的信号”，说明公司面临的财务风险增大，公司若没有其他重大投资活动则偿债能力的确受到了威胁。公司必须重视这一信号，作出合理的政策调整。

（二）管理效率比率

管理效率比率又称运营效率比率，是用于衡量公司在资产管理上的效率和水平的财务指标，主要有应收账款周转率、存货周转率、固定资产周转率以及总资产周转率。其中，前两个指标反映了物业管理公司流动资产经营管理水平的高低，直接影响着物业管理公司的短期偿债能力。

1. 应收账款周转率

应收账款周转速度反映了应收账款转化为货币资金速度的快慢，它通常以一定时期内的周转次数或周转一次所用天数表示。应收账款周转率表明了物业管理公司应收账款一年内的周转次数，应收账款平均收现期则反映了周转天数的财务比率。

$$应收账款周转率 = 营业收入 \div 应收账款$$

$$应收账款平均收现期 = 应收账款 \div \frac{营业收入}{360}$$

$$= 360 \div 应收账款周转率$$

$$20 \times 1 年应收账款周转率 = 1\ 103\ 400.81 \div 50\ 000$$

$$= 22.07（次）$$

$$20 \times 0 年应收账款周转率 = 955\ 430 \div 75\ 000 = 12.74（次）$$

$$20 \times 1 年应收账款平均收现期 = 360 \div 22.07 = 16.31（天）$$

$$20 \times 0 年应收账款平均收现期 = 360 \div 12.74 = 28.26（天）$$

从表7－2、表7－3可得出：20×0年应收账款周转率为12.74（次），平均收现期为28.26（天），20×1年应收账款周转率为22.07（次），平均收现期为16.31（天）。由此可以看出，竹江物业管理有限公司20×1年应收账款的管理水平有明显提高；一般而言，各物业管理公司通常会结合自身状况和行业习惯制定应收账款政策（即处理应收账款的程序，包括给予一定的宽限期，逾期后去函催收、派人上门催收和采取强硬措施收款如诉诸法律等），所以难以定出对各物业管理公司都适宜的周转次数和占用天数。对这一比率分析时，应重点同物业管理公司的应收账款政策、历史最好水平及行业的平均值进行比较。

2. **存货周转率**

存货周转率和存货周转天数是衡量存货周转速度或流动性的财务指标，反映了公司存货管理效率的高低。计算公式分别为：

$$存货周转率 = 营业成本 \div 存货$$

$$存货周转天数 = 存货 \div \frac{营业成本}{360} = 360 \div 存货周转率$$

由表7－2、表7－3中资料可知：

20×1年存货周转率＝354 615.33÷12 500＝28.37（次）

20×0年存货周转率＝305 737.00÷8 000＝38.22（次）

20×1年存货平均周转天数＝360÷28.37＝12.69（天）

20×0年存货平均周转天数＝360÷38.22＝9.42（天）

以上计算表明20×1年存货的周转速度明显降低。显然，竹江物业管理有限公司的存货增长比例高于业务增长流动比率，应进一步分析原因。同样，分析存货管理效率时，应结合其具体情况，通过与其历史最好水平、同行业平均值的比较，作出理性的判断。

3. **固定资产周转率**

固定资产周转率衡量的是固定资产的利用效率，计算公式为：

$$固定资产周转率 = 营业收入 \div 固定资产净值$$

以竹江物业管理有限公司为例，

20×1年固定资产周转率＝1 103 400.81÷175 000
＝6.31（次）

20×0年固定资产周转率＝955 430÷200 000＝4.78（次）

20×1年固定资产利用效率有明显提升，其原因是20×1年业务收入增长，而当年没有购置的固定资产投入服务，加上计提了固定资产折旧，使固定资产净值减少，固定资产的周转速度加快，因此公司的获利能力增强，还可以弥补由于流动比率下降所带来的偿债能力下降等不足，资产管理有一定的绩效。

4. 总资产周转率

总资产周转率是资产总额与营业收入的比值，计算公式为：

总资产周转率＝营业收入÷资产总额

利用表7－2、表7－3中资料可计算出：

20×1年总资产周转率＝1 103 400.81÷1 502 230

＝0.73（次）

20×0年总资产周转率＝955 430÷1 026 000＝0.93（次）

20×1总资产周转率上年有所减慢，原因可能是增加了500 000元的股权投资使资产占用增加。要判断这一指标是否合理，需同历史最好水平和行业平均水平进行比较。近两年，一些物业管理公司运用其资产获取的营业收入低于资产数额，部分原因在于正在建设中的固定资产数额较大，但这些用于扩大服务能力的在建项目完工后，将有助于未来总资产周转速度的提高。可见，评价时还应充分考虑各物业管理公司自身的具体情况和特点。

（三）获利能力比率

近年来，无论是公司的外部利益团体还是管理层，都越来越重视获利能力。投资者投资的目的是财产增值，实现这一目的的程度同其所投资的物业管理公司的获利能力高低密切相关。长期债权人的权益能否得到保障，除受物业管理公司短期偿债能力的影响外，从深层而言，取决于债务人的长期获利能力。物业管理公司管理层也十分重视这一能力，股东评价其受托代理责任的履行情况时，获利能力是最主要的指标。此外，业主们也同样关心这一能力，因为在正确处理盈利和服务关系的前提下，物业管理公司的获利能力高低，很大程度上反映了服务质量的好坏。获利能力指标包括营业毛利率、收入（销售）利润率、资产报酬率、权益报酬率等。

1. **营业毛利率**

营业毛利率是毛利占营业收入的百分比，计算方法如下：

$$营业毛利率=\frac{营业收入-营业成本}{营业收入}=\frac{营业毛利}{营业收入}$$

从表7－3求得竹江物业管理有限公司的毛利率为：

20×1年的毛利率＝（1 103 400.81－354 615.33）÷1 103 400.81

＝67.86%

20×0年的毛利率＝（955 430.00－305 737.00）÷955 430.00

＝68.00%

20×1年的毛利率比20×0年略有下降，但基本持平。一般来说，物业管理公司的营业成本所占收入的百分比不大，具体比例要与同行业进行比较才能说明问题。20×1年的营业收入增加，营业成本有所提高，其原因要作具体分析，可能是物业管理公司材料成本、人工成本的提高或人工效率的降低等因素造成的。

2. **收入（销售）利润率**

收入（销售）利润率是净利润和营业收入之比。净利润是综合指标，是企业利用资源、取得收益的投入产出的结果。一般认为，该比率是反映获利能力的基本指标，它表明了营业收入中可用于形成税后利润的比重。在公司主营业务——物业管理突出的前提下，收入利润率和营业毛利率结合在一起，可从整体上把握其经营状况。

$$收入（销售）利润率=\frac{净利润}{营业收入}$$

从表 7－3 求得：竹江物业管理有限公司的收入利润率为：

20×1 年的利润率＝－140 639.00÷1 103 400.81

＝－12.75%

20×0 年利润率＝37 000.00÷955 430.00＝3.87%

20×1 年的利润率为负数，原因可能是公司扩大了经营，增加了管理人员和设备，但业务发展小于投入的增加。具体原因还需结合物业管理公司的具体情况进行分析。

3. **资产报酬率**

资产报酬率又称投资报酬率（ROI），是公司净利润和资产总额之比，表明了资产的综合利用效果。

$$资产报酬率=\frac{净利润}{资产总额}$$

从表 7－2、表 7－3 中可求出竹江物业管理有限公司的资产报酬率为：

20×1 年资产报酬率＝－140 639.00÷1 502 230 ＝－9.36%

20×0 年资产报酬率＝37 000.00÷1 026 000＝3.61%

资产报酬率等于资产周转率乘以收入利润率，它体现的资产利用效果更全面。计算结果表明：20×1 年，由于收入利润率为负数，该比率略有下降，原因可能是增加了 500 000 的股权投资使资产占用率增加。

4. **权益报酬率**

权益报酬率或净值报酬率，是净利润与所有者权益之比，其中，所有者权益是总资产扣除负债后的剩余权益。

$$权益报酬率=\frac{净利润}{所有者权益}=\frac{净利润}{资产总额-负债总额}$$

从表7－2、表7－3中可求出竹江物业管理有限公司的权益报酬率为：

20×1年的权益报酬率为＝－140 639.00÷359 361

＝－3.91%

20×0年权益报酬率为＝37 000.00÷537 000＝6.89%

该比率20×1年下跌明显，其原因有待进一步确定（有关分析见杜邦体系部分）。

（四）长期偿债能力分析

债务比率利用负债与资产、权益之间的关系，反映公司偿付长期债务能力的高低以及财务风险的大小。对此，物业管理公司管理层和外部各利益团体都十分关心。一般认为，这类比率主要包括：资产负债比率、负债权益比率和利息保障倍数等指标。

1. 资产负债率

资产负债率是负债占总资产的百分比，直接体现出公司的资产依赖负债融通的比重，反映了公司的财务风险。此外，由于债权人的利益依靠总资产来保障，这一比率也反映出债权人利益的保障程度。

$$资产负债率=\frac{负债总额}{资产总额}$$

据表7－2中的资料可知，竹江物业管理有限公司的资产负债率为：

20×1 年的资产负债率 = 1 142 869 ÷ 1 502 230 = 76.08%

20×0 年的资产负债率 = 489 000 ÷ 1 026 000 = 47.66%

20×1 年负债融资的比重明显增加，原因是短期借款增加，而且其他应付款增加了很大比重，应进一步分析流动负债增加的原因。

评价资产负债比率时，以行业平均水平作为判断标准很重要。比重过高，投资者面临的财务风险就会很高，债权人的利益得到偿付的可能性就大大降低，物业管理公司的资金成本也会大幅升高，如我国国有企业的资产负债比率在 70% ~ 80% 之间，这是造成国有企业效益不佳、银行不良资产过多的重要原因。但负债比率过低，物业管理公司的资金成本不一定就低，投资者难以享有负债经营的利益。国际上，一般认为该比率为 50% 比较合适。由此看来，竹江物业管理有限公司的负债比重 20×1 年过高，增加了经营风险。

2. 负债权益比率

负债权益比率是负债总额与所有者权益总额的比值。该比率主要用于衡量所有者权益为债权人提供的保障程度，比值越小，债权人的利益越有保障。

$$负债权益比率 = \frac{负债总额}{所有者权益总额}$$

从表 7 - 2 中可求出竹江物业管理有限公司的负债权益比率为：

20×1 年负债权益比率 = 1 142 869 ÷ 359 361 = 318.03%

20×0 年负债权益比率 = 489 000 ÷ 537 000 = 91.06%

一般认为，负债权益比率以 100% 为宜，20×1 年负债权益比率远远超出 100%，原因在于负债增加，加上发生亏损，所有者权益减少。这一比率与资产负债比率反映的信息相同。

3. **利息保障倍数**

利息保障倍数是息税前利润与借款利息的比值，用于反映公司支付债务利息的能力，计算方法为：

$$利息保障倍数=\frac{息税前利润}{借款利息}$$

从表7－3中可看到竹江物业管理有限公司20×0年和20×1年的财务费用均为负数，这意味着公司的利息收入大于利息支出，虽然20×1年负债增加，但主要是增加“其他应付款”，也就是企业的内部融资，在这里没有显示其利息。当然，现实中无论是内部融资还是外部融资都会发生利息费用，但在这不加以探讨。一般来说，这一比率的最低标准为1倍，恰当的付息能力水平应结合行业平均值和物业管理公司的最佳历史水平而定。

三、比率分析的基准

为了反映物业管理公司的偿债能力和获利能力，物业管理公司管理层和外部各利益团体的分析人员需计算许多比率，并按照一定标准对计算结果进行纵向和横向判断，从而取得决策所需信息。在纵向判断过程中，常用的评价判断标准或基准是物业管理公司自身的历史最好水平，而横向判断主要运用行业平均水平及行业先进水平这两个基准。

就纵向判断而言，无论是物业管理公司管理层还是外部各利益团体，都易于取得制定该标准所需要的资料，进而判断特定比率是否有所改善或恶化，并总结出有助于改善经营管理的经验教训。

比率分析的主要优点在于消除了物业管理公司间由于规模不同造成的不可比性，便于进行同行业间的比较分析——横向分析。在横向分析过程中，物业管理公司应结合自身的经营业绩选择评价基准。尽管最常用的基准是行业平均值，但绩优物业管理公司适宜以行业先进水平为基准。因为行业平均值是高比率和低比率的简单平均，以其为基准不利于绩优物业管理公司提高经营管理水平。

目前，我国尚未有专门机构或报刊定期公布分行业的平均财务比率，这增加了横向分析的难度。据《中国证券报》披露，财政部计划定期公布分行业的财务比率标准，各项准备工作已在进行之中。

四、比率分析的局限性

比率分析方法简明扼要、通俗易懂，为财务分析人士广泛使用。但是，在实际运用中值得注意的问题是：

1. **会计政策和程序的可比性**

按照我国会计准则和会计制度的规定，部分事项的会计处理多种方法并存，如存货的计价方法等，物业管理公司可结合自身的实际情况进行选择。尽管要求同一物业管理公司的会计处理尽可能保持前后期的一致性，但同行业的不同物业管理公司可能会选择不同的处理方法，造成行业内不同物业管理公司的会计报表在一定程度上不可比，使物业管理公司之间财务比率的对比分析难度增大。

2. **分析的综合性**

每一个财务比率分别从一个角度提供着物业管理公司的财务信息，但单一的财务比率意义并不大，难以进行客观的评价。例如资产周转率高，一方面意味着资产利用效率好，另一方面，也可能表明物业管理公司无力购置资产、资产偏低。此外，某一比率的不利方面可能为另一比率的有利方面所抵消。分析中应将各种比率反映的信息进行综合，才能作出正确的判断。

3. 经营方式的影响

不同物业管理公司的经营方式各不相同，如有些物业管理公司自己购置固定资产，而另一些物业管理公司则以租赁方式取得；即使是同一物业管理公司，在不同时期也可能会采用不同的经营方式。会计报表反映的是资金运动的过程和结果，必然会体现出这种差异，从而也会给比率分析带来不可比性。

4. 多元化的经营战略

目前，越来越多的物业管理公司进行跨行业的多种或多元化经营，有些物业管理公司的经营甚至涉及多个行业，而且这一趋势正在进一步增强。在多元化经营下，除非物业管理公司的主营业务突出，如某物业管理公司是一个以物业管理为主营业务的物业管理集团公司，经营领域涉及室内装潢、零售等多个行业，否则，比率分析时无法确定物业管理公司所属的行业，难以进行横向比较。当然，在多元化物业管理公司内，各部门的经营相对单一，管理层可按各部门所属行业进行分析，但外部各利益团体很难取得分部门的财务报表，其分析的难度可想而知。

5. 季节性经营的影响

在多元化经营方式下，就带有季节性的业务而言，月份和季度的比率分析通常难以说明问题。某些财务比率在淡季可能较低，而在旺季又会较高，难以通过对比分析判断其变化情况。此时，理性的方法是采用全年平均数，将季节性波动的影响降低至最低程度。

6. 会计数据的历史性

比率分析中运用的会计资料是历史数据，是按照历史成本原则编制的，未考虑通货膨胀的影响，因此，以其为基础计算的财务比率仅对预测未来有一定的参考价值，不能代表未来；如果物业管理公司的经营外部环境发生重大变化，会计信息的历史性会误导分析的方向。

此外，比较分析中还应注意行业基准的选择问题（前面已作分析)，绩优物业管理公司不宜用行业平均值作为判断的基础。

第四节　财务综合分析

财务分析的最终目的在于全面、准确、客观地揭示与披露企业财务状况和经营管理的成果，并借以对企业经济效益的优劣作出系统、合理的评价。而事实上，仅仅测算出几项财务指标，是很难全面评价企业的财务状况和经营成果的，有时会得出自相矛盾甚至是错误的结论。因此，要想对企业财务状况和经营成果有一个总的评价，仅仅分析某些财务指标，或者将一些孤立的财务指标堆砌在一起，彼此毫无联系地观察，是达不到理想的分析目的的。只有将企业偿债能力、营运能力、盈利能力和发展能力等各项指标作为一个整体，系统、全面地对企业财务状况和经营成果进行相互关联地分析，采用适当的标准进行综合性评价，才能得出正确的结论。所谓财务综合分析，就是将偿债能力、营运能力、盈利能力和发展能力等各方面的分析纳入一个有机的整体之中，全面地对企业经营状况、财务状况进行揭示与披露，然后对企业经济效益的优劣作出准确的评价与判断。

一、财务综合分析的特点

财务综合分析的特点，体现在其财务指标体系的要求上。一个健全、有效的综合财务指标体系必须具备以下三个基本要素。

（1）指标要素齐全适当。

这是指所设置的评价指标必须能够涵盖企业偿债能力等诸方面总体考核的要求。

（2）主辅指标功能匹配。

这里要强调两个方面：第一，在确立偿债能力、营运能力、盈利能力和发展能力诸方面评价的主要指标与辅助指标的同时，进一步明晰总体结构中各项指标的主辅地位；第二，不同范畴的主要考核指标所反映的企业经济状况、财务状况的不同侧面与不同层次的信息有机统一，能够全面而翔实地揭示出企业经营理财的实绩。

（3）满足多方信息需要。

这要求评价指标体系必须能够提供多层次、多角度的信息资料，既能满足企业内部管理者实施决策的需要，同时又能满足外部投资者、债权人和政府决策及实施宏观调控的要求。

二、财务综合分析的方法

财务综合分析的方法很多，其中应用比较广泛的有杜邦财务分析体系和沃尔比重评分法等。

（一）杜邦财务分析体系

杜邦财务分析体系（简称杜邦体系）是利用各财务指标间的内在关系，对企业综合经营理财及经济效益进行系统分析评价的方法。因最初由美国杜邦公司创立并成功运用而得名。该体系以净资产收益率为核心，将其分解为若干财务指标，通过分析各分解指标的变动对净资产收益率的影响来揭示企业获利能力及其变动原因。

根据表 7 -2 和表 7 -3 所示的资料，计算杜邦财务体系中的各项指标，如图 7 -1 所示。

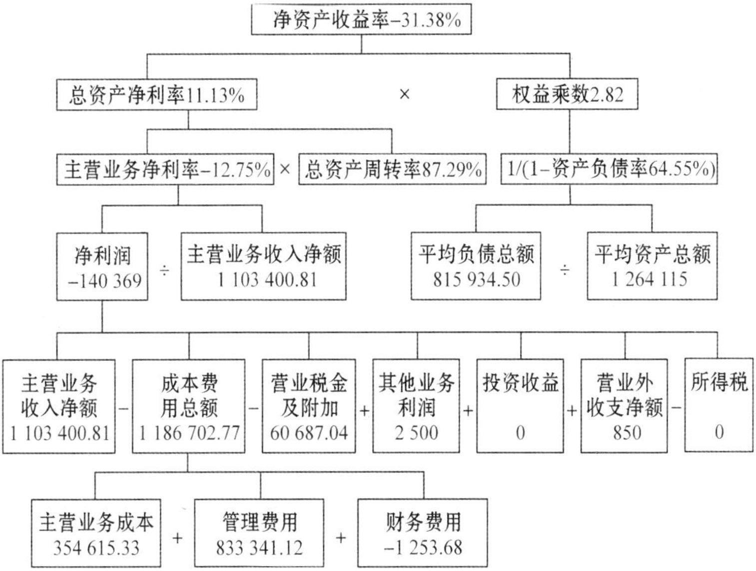

图 7-1　杜邦体系分析图

杜邦体系各主要指标之间的关系如下：

净资产收益率 = 总资产净利率 × 权益乘数

　　　　　　= 主营业务净利率 × 总资产周转率 × 权益乘数

式中：主营业务净利率 = 净利率/主营业务收入净额

　　　总资产周转率 = 主营业务收入净额/平均资产总额

　　　权益乘数 = 资产总额/平均所有者权益总额

　　　　　　　 =1/（1 - 资产负债率）

需要说明的是，由于净资产收益率、总资产净利率、主营业务净利率和总资产周转率都是时期指标，而权益乘数和资产负债率是时点指标，因此，为了使这些指标具有可比性，图 7-1 中的权益乘数和资产负债率均采用的是 20×1 年度年初和年末的平均值。

在具体运用杜邦体系进行分析时，可以用前文所述的因素分析法。即首先确定主营业务净利率、总资产周转率和权益乘数的基准值，然后依次代入这三个指标的实际值（见图7－1），分别计算分析这三个指标的变动对净资产收益率的影响程度。还可以使用因素分析法进一步分解各个指标并分析其变动的深层次原因，找出解决的方法。

上述指标之间的关系如下：

（1）净资产收益率是一个综合性最强的财务比率，是杜邦体系的核心。其他各项指标都是围绕这一核心，通过研究彼此间的依存制约关系，揭示企业的获利能力及其前因后果。财务管理的目标是使所有者财富最大化，净资产收益率反映所有者投入资金的获利能力，反映企业筹资、投资、资产运营等活动的效率，提高净资产收益率是实现财务管理目标的基本保证。该指标的高低取决于主营业务净利率、总资产周转率与权益乘数。

（2）主营业务净利率反映了企业净利润与主营业务收入的关系。提高主营业务净利率是提高企业盈利的关键，主要有两个途径：一是扩大主营业务收入，二是降低成本费用。

（3）总资产周转率揭示企业资产总额实现主营业务收入的综合能力。企业应当联系主营业务收入来分析企业资产的使用是否合理、资产总额中流动资产和非流动资产的结构安排是否适当。此外，还必须对资产的内部结构以及影响资产周转率的各具体因素进行分析。

（4）权益乘数反映的是所有者权益与总资产的关系。权益乘数越大，说明企业负债程度越高，能给企业带来较大的财务杠杆利益，但同时也带来了较大的偿债风险。因此，企业既要合理使用全部资产，又要妥善安排资本结构。

通过杜邦体系自上而下的分析，不仅可以揭示企业各项财务指标间的结构关系，查明各项主要指标变动的影响因素，而且为决策者改善经营理财状况，提高企业经济效益提供了思路。提高权益资本净利率的根本在于扩大销售、节约成本、合理投资配置、加速资金周转、优化资本结构、确立风险意识等。

杜邦体系的指标设计具有一定的局限性，它更偏重于企业所有者的利益。从杜邦体系来看，在其他因素不变的情况下，资产负债率越高，净资产收益率就越高，这是利用较多负债来发挥财务杠杆作用的结果，但是没有考虑财务风险的因素。一般来说，负债越多，财务风险越大，偿债压力就越大。因此，在实际操作中，还要结合其他指标综合分析。

（二）沃尔比重评分法

在进行财务分析时，人们遇到的一个主要问题就是计算出财务比率之后，无法判断它是偏高还是偏低。将所测算出的比率与本企业的历史水平或计划、定额相比较，也只能看出企业自身的变化，却难以评价其在市场竞争中的优劣地位。为了弥补这些缺陷，亚历山大·沃尔于20世纪出版的《信用晴雨表研究》和《财务报表比率分析》等著作中提出了信用能力指数概念，将流动比率、产权比率、固定资产比率、存货周转率、应收账款周转率、固定资产周转率、自有资金周转率等七项财务比率用线性关系结合起来，并分别给定各自的分数比重，然后通过与标准比率进行比较，确定各项指标的得分及总体指标的累计分数，从而对企业的信用水平作出评价。

沃尔比重评分法是评价企业总体财务状况的一种比较可取的方法，这一方法的关键在于指标的选定、权重的分配以及标准值的确定等。

原始意义上的沃尔比重评分法存在两个缺陷：一是所选定的七项指标缺乏证明力；二是当某项指标严重异常时，会对总评分产生不合逻辑的重大影响。况且，现代社会与沃尔所处的时代相比，已经发生了很大的变化。沃尔最初提出的七项指标已难以完全满足当前企业评价的需要。现在通常认为，在选择指标时，偿债能力、营运能力、盈利能力和发展能力指标均应选到，除此之外还应适当选取一些非财务指标作为参考。

第五节　物业管理的效益评价

在当前整个国民经济从速度型向效益型转变的大环境下，物业管理公司如何结合自身实际情况，合理利用有限资源，为物业业主和使用人提供优质、高效、低耗、适宜的服务，提高资源的使用效益，是物业管理公司财务管理工作中亟须解决的重大实践问题。为此，物业管理公司必须重视提高效益和开展效益评价工作。

一、效益评价及意义

物业管理公司的效益评价是指用各种评价方法对公司的要素投入和产出效果进行比较分析，并给出评价结论的管理活动。物业管理公司进行效益评价具有以下重要的意义。

（1）物业管理公司是独立的法人经济实体，以盈利为目的，其经营活动是以创造更多的经济效益为导向的，因此，评价公司经济效益的好坏就显得十分重要。

（2）物业管理公司是以从事物业管理为主的公司，作为独立经济实体，它以盈利为目的，但是，公司所从事的物业管理活动又具有其特殊性，即物业管理是城市管理的重要内容之一，同时，物业管理为业主和使用权人服务。因此，物业管理工作的好坏，直接影响到市容市貌和城市居民的工作和生活。良好的物业管理，能够创造优美的市容市貌，为城市居民创造一个安全、舒适、祥和、高雅的工作环境和生活环境。从这个意义上说，物业管理公司所从事的物业管理活动牵涉到千家万户的居住环境、工作环境与生活质量。所以，对服务质量的评价也非常重要和非常必要。

（3）随着社会主义市场经济的发展，物业管理公司之间的竞争必然加剧。因此，物业管理公司要求生存、谋发展，就必须采取发展外延与改造内涵相结合的方针，通过深化改革，完善管理，提高现有资源使用的效益，减少资源使用中配置不合理、利用效益低和严重浪费的现象。物业管理公司只有加强效益评价工作，提高财务管理水平，实现资源的最佳组合和最优利用，才能在市场竞争中立于不败之地。

（4）物业管理公司的经济效益是指用最少的资源消耗，提供更多、有效、优质、适合业主需要的物业管理服务，是投入和产出的比例关系。过去，大多数物业管理公司都未开展效益评价工作，因而对自身的效益水平如何，哪些方面效益高，哪些方面效益低，哪些工作应达到什么水准的效益等问题难以说清。为了适应社会主义市场经济发展的需要，物业管理公司必须进一步强化财务管理职能，积极开展效益评价工作。只有这样才能真实反映和客观评价物业管理公司各部门资源配置的合理程度和各类业务经济活动的效益优劣，从而根据评价过程和结果的分析、论证，找出效益高的运行机制、管理经验和效益低的问题及原因，建立和形成日趋合理的经营机制和管理模式，为制订财务计划、经营决策和指导工作提供科学依据。因此，开展效益评价工作是提高资源使用综合效益，强化财务管理的基础。

二、效益评价工作的程序

1. 把效益评价工作纳入公司的绩效评价体系

效益评价工作涉及全公司的方方面面，关系公司发展的全局，做好效益评价工作的关键是公司领导的重视。因此，物业管理公司的领导要统一思想，提高认识，高度重视，不仅要深刻理解效益评价工作的作用及意义，而且要了解效益评价工作的基本内容，并作为自己的重要职责提到议事日程上。公司应有一位总经理分管此项工作，定期研究重大问题，组织协调有关部门的工作。

2. **调配力量，落实人员，成立评价小组**

物业管理公司的财务管理部门应是开展效益评价的工作机构，应在财务管理部门内指定专人专职负责开展和协调效益评价工作。效益评价工作比较复杂，涉及面广，技术性强，需要公司各部门的通力协作和密切配合。因此，为保证此项工作的落实，公司应为财务管理部门调配得力、精干的人员，专职从事效益评价工作，公司其他部门也应大力支持和密切配合，并为开展效益评价工作提供多方面的必要条件。

3. **选择评价领域**

物业管理公司发展中涉及资源使用效益方面的问题很多。目前，根据市场竞争和深化改革中迫切需要解决的问题，效益评价应从以下四个方面开展相关工作：

（1）机构设置、资源配置、设施功能与利用、资金筹措方式、总体管理与部门间横向联系等问题；

（2）项目评价、投资效益、技术装备合理性、设备配置与使用效益，以及其他重大投资决策的可行性研究、论证等；

（3）公司各部门、机构的效益评价；

（4）物业管理综合效益评价。

三、开展效益评价工作应注意的几个问题

（一）评价指标的确立

开展效益评价工作凭借的重要手段是科学、客观地反映效益水平的评价指标体系。但建立评价指标体系难度很大，需要多方

面的研究、探讨，需要一定的时间和烦琐的筛选过程。在未确立规范化评价指标体系前，财务管理部门可先优选数个指标，如反映工作效率、服务质量、投入与产出比等方面的指标开展评价工作。

通过探讨、比较，初步确立公司效益评价指标体系。物业管理公司常用的物业管理效益评价指标主要有综合效益指标和服务质量指标两类：

1. 综合效益指标

（1）人均利润。它是反映公司人均创利水平的指标。用公式表示为：

人均利润＝净利润÷职工总数

（2）权益报酬率。它是衡量所有者权益获利水平高低的指标。权益报酬率越高，则说明公司运用资金的效果越好。权益报酬率可用以下公式来计算：

权益报酬率＝（净利润÷所有者权益总额）×100%

（3）成本费用利润率。它是反映公司所花代价的水平的指标。成本费用利润率越高，说明花同样代价所获得的利润越高。其计算公式为：

成本费用利润率＝（净利润÷成本费用总额）×100%

（4）营业收入利润率。它反映了公司所创造的利润与经营收入的比例关系。营业收入利润率越高，则表明相同营业收入所创造的利润越多。计算公式如下：

营业收入利润率＝（净利润÷营业收入总额）×100%

（5）资产报酬率。它是反映公司利用资产创利效果的指标。资产报酬率越高，说明公司的资产利用效果越好。计算公式如下：

资产报酬率＝（净利润÷资产总额）×100%

（6）每股利润，又称每股收益。它是衡量股份公司普通股创利多少的指标，可用以下公式来计算：

普通股每股利润＝（净利润－优先股股利）÷普通股流通股数

（7）股利报酬率。它是普通股每股股利与每股市场价格的比率，反映股票投资在股利方面所获得的报酬。其计算公式为：

股利报酬率＝（每股股利÷每股市价）×100%

（8）市盈率，又称价格盈余率或价格与收益比率。它是普通股每股市价与每股利润之比，可用公式表示：

市盈率＝（普通股每股市场价格÷普通股每股利润）×100%

2. 服务质量指标

物业管理公司的服务质量指标通常难以确定和量化。现实中常用的指标有：

（1）物业完好率。它是衡量物业管理好坏的一个重要指标，具体又可分为房屋完好率、附属设备完好率和配套设施完好率。完好率越高，则说明物业维修、保养得越好。

（2）维修及时率。它是反映房屋、附属设备及配套设施维修效率的指标，维修及时率越高，则说明公司的服务效率越高。

（3）维修合格率。它是反映维修质量的指标，维修合格率越高，则说明公司服务质量越高。

（4）火灾事故率、刑事发案率、交通事故率。它是反映保安质量好坏的指标。火灾事故率、刑事发案率、交通事故率越低，则说明保安工作做得越好；反之，说明保安工作做得越差。

（5）物业保值增值率。它也是反映物业管理好坏的综合性指标。其计算公式如下：

物业保值增值率 =（期末物业总价值 ÷ 期初物业总价值）×100%

（6）环境绿化率与绿化完好率。环境绿化率（人均环境绿化面积与标准人均绿化面积之比率）和绿化完好率越高，则说明公司的绿化与养护工作做得越好。

（7）卫生保洁程度。这是反映环境卫生工作做得好坏的指标。保洁程度越高，反映卫生保洁工作做得越好。

（8）物业档案资料完备率。它是反映对物业产权产籍管理好坏的指标。档案资料齐备，管理有序，容易查找，则说明对物业产权产籍管理得越好。

（9）环境综合效益指标。这是综合反映环境效益高低的指标。物业的整体完好、整洁、美观，无违章乱搭、乱建、乱设摊子、乱设广告牌、乱贴、乱画，无违反规定养家禽、家畜及宠物，车辆停放有序，路面完好、畅通，无“三废”污染源和噪音污染源等，则环境综合效益好；反之，环境综合效益就差。

（10）居民满意率。居民是物业管理的直接受益者，居民满意率的高低也是衡量物业管理质量好坏的一个重要指标。一般地，居民满意率可通过对居民的调查和居民的反馈信息求得。居民满意率是一个综合性的动态指标。随着居民生活水平的提高，衡量居民满意程度的标准也在提高，因而居民满意率会发生变化。

在评价过程中，财务管理部门要逐步摸索出本公司各评价指标的平均值，并进而研究最佳值，以便据此对公司各部门进行比较，使其向平均值或最佳值方向努力，逐步提高其物业管理水平。

（二）评价手段的运用

根据物业管理活动的实施进程，物业管理公司可进行定期或不定期的效益评价，并通过与其他同类型的物业管理公司进行横向比较，找出实际效益水平上的优劣差异，以加强管理，提高经济效益。公司各部门也可进行定期或不定期的自我评价，通过自身动态变化的纵向比较，以及公司所作的横向比较，发现问题，总结经验，及时调整对策，强化管理力度。

公司进行效益评价可采用的评价方法有很多，归结起来有两大类，即定性评价方法和定量评价方法。定性评价方法是对公司的经济效益进行定性描述，而定量评价方法则是用定量指标和数学模型进行效益评价的方法。一般地，进行效益评价时，应把定性方法和定量方法结合起来进行综合分析。

（三）评价工作的实施步骤

效益评价工作涉及领域较广，难度较大，在具体工作的开展上，财务管理部门应循序渐进，由浅入深，从简单到复杂，可先进行单个项目的效益评价，取得经验后再开展公司整体的效益评价。在效益评价的过程中，应重视宣传发动、培训骨干，使公司上下员工提高对效益评价工作的认识，了解、掌握和应用效益评价的方法、标准及其具体操作程序，同时还应通过实践，不断调整和修正评价指标体系，完善效益评价办法，为在更大范围内开展这项工作积累经验，奠定一个扎实的基础。

思考题

1. 什么是财务分析？其主要目的是什么？

2. 财务分析的资料有哪些？财务报告分析评价的标准如何？

3. 财务分析方法有哪些？

4. 什么是财务报告的横向分析？

5. 何谓比率分析法？有哪些比率？

6. 怎样进行偿债能力的分析、管理效率分析、获利能力分析？

7. 比率分析有什么局限性？

8. 怎样进行财务综合分析？

9. 怎样进行物业管理的效益评价？

附　录

附表一：复利终值系数表

n	1%	2%	3%	4%	5%	6%	7%	8%	9%	10%
1	1.010 0	1.020 0	1.030 0	1.040 0	1.050 0	1.060 0	1.070 0	1.080 0	1.090 0	1.100 0
2	1.020 1	1.040 4	1.060 9	1.081 6	1.102 5	1.123 6	1.144 9	1.166 4	1.188 1	1.210 0
3	1.030 3	1.061 2	1.092 7	1.124 9	1.157 6	1.191 0	1.225 0	1.259 7	1.295 0	1.331 0
4	1.040 6	1.082 4	1.125 5	1.169 9	1.215 5	1.262 5	1.310 8	1.360 5	1.411 6	1.464 1
5	1.051 0	1.104 1	1.159 3	1.216 7	1.276 3	1.338 2	1.402 6	1.469 3	1.538 6	1.610 5
6	1.061 5	1.126 2	1.194 1	1.265 3	1.340 1	1.418 5	1.500 7	1.580 9	1.677 1	1.771 6
7	1.072 1	1.148 7	1.229 9	1.315 9	1.407 1	1.503 6	1.605 8	1.713 8	1.828 0	1.948 7
8	1.082 9	1.171 7	1.266 8	1.368 6	1.477 5	1.593 8	1.718 2	1.850 9	1.992 6	2.143 6
9	1.093 7	1.195 1	1.304 8	1.423 3	1.551 3	1.689 5	1.838 5	1.999 0	2.171 9	2.357 9
10	1.104 6	1.219 0	1.343 9	1.480 2	1.628 9	1.790 8	1.967 2	2.158 9	2.367 4	2.593 7
11	1.115 7	1.243 4	1.384 2	1.539 5	1.710 3	1.898 3	2.104 9	2.331 6	2.580 4	2.853 1
12	1.126 8	1.268 2	1.425 8	1.601 0	1.795 9	2.012 2	2.252 2	2.518 2	2.812 7	3.138 4
13	1.138 1	1.293 6	1.468 5	1.665 1	1.885 6	2.132 9	2.409 8	2.719 6	3.065 8	3.452 3
14	1.149 5	1.319 5	1.512 6	1.731 7	1.979 9	2.260 9	2.578 5	2.937 2	3.341 7	3.797 5
15	1.161 0	1.345 9	1.558 0	1.800 9	2.078 9	2.396 6	2.759 0	3.172 2	3.642 5	4.177 2
16	1.172 6	1.372 8	1.604 7	1.873 0	2.182 9	2.540 4	2.952 2	3.425 9	3.970 3	4.595 0

（续上表）

n	1%	2%	3%	4%	5%	6%	7%	8%	9%	10%
17	1.184 3	1.400 2	1.652 8	1.947 9	2.292 0	2.692 8	3.158 8	3.700 0	4.327 6	5.054 5
18	1.196 1	1.428 2	1.702 4	2.025 8	2.406 6	2.854 3	3.379 9	3.996 0	4.717 1	5.559 9
19	1.208 1	1.456 8	1.753 5	2.106 8	2.527 0	3.025 6	3.616 5	4.315 7	5.141 7	6.115 9
20	1.220 2	1.485 9	1.806 1	2.191 1	2.653 3	3.207 1	3.869 7	4.661 0	5.604 4	6.727 5
21	1.232 4	1.515 7	1.860 3	2.278 8	2.786 0	3.399 6	4.140 6	5.033 8	6.108 8	7.400 2
22	1.244 7	1.546 0	1.916 1	2.369 9	2.925 3	3.603 5	4.430 4	5.436 5	6.658 6	8.140 3
23	1.257 2	1.576 9	1.973 6	2.464 7	3.071 5	3.819 7	4.740 5	5.871 5	7.257 9	8.254 3
24	1.269 7	1.608 4	2.032 8	2.563 3	3.225 1	4.048 9	5.072 4	6.341 2	7.911 1	9.849 7
25	1.282 4	1.640 6	2.093 8	2.665 8	3.386 4	4.291 9	5.427 4	6.848 5	8.623 1	10.835
26	1.295 3	1.673 4	2.156 6	2.772 5	3.555 7	4.549 4	5.807 4	7.396 4	9.399 2	11.918
27	1.308 2	1.706 9	2.221 3	2.883 4	3.733 5	4.882 3	6.213 9	7.988 1	10.245	13.110
28	1.321 3	1.741 0	2.287 9	2.998 7	3.920 1	5.111 7	6.648 8	8.627 1	11.167	14.421
29	1.334 5	1.775 8	2.356 6	3.118 7	4.116 1	5.418 4	7.114 3	9.317 3	12.172	15.863
30	1.347 8	1.811 4	2.427 3	3.243 4	4.321 9	5.743 5	7.612 3	10.063	13.268	17.449
40	1.488 9	2.208 0	3.262 0	4.801 0	7.040 0	10.286	14.794	21.725	31.408	45.259
50	1.644 6	2.691 6	4.383 9	7.106 7	11.467	18.420	29.457	46.902	74.358	117.39
60	1.816 7	3.281 0	5.891 6	10.520	18.679	32.988	57.946	101.26	176.03	304.48

(续上表)

n	12%	14%	15%	16%	18%	20%	24%	28%	32%	36%
1	1.120 0	1.140 0	1.150 0	1.160 0	1.180 0	1.200 0	1.240 0	1.280 0	1.320 0	1.360 0
2	1.254 4	1.299 6	1.322 5	1.345 6	1.392 4	1.440 0	1.537 6	1.638 4	1.742 4	1.849 6
3	1.404 9	1.481 5	1.520 9	1.560 9	1.643 0	1.728 0	1.906 6	2.087 2	2.300 0	2.515 5
4	1.573 5	1.689 0	1.749 0	1.810 6	1.938 8	2.073 6	2.364 2	2.684 4	3.036 0	3.421 0
5	1.762 3	1.925 4	2.011 4	2.100 3	2.287 8	2.488 3	2.931 6	3.436 0	4.007 5	4.652 6
6	1.973 8	2.195 0	2.313 1	2.436 4	2.699 6	2.986 0	3.635 2	4.398 0	5.289 9	6.327 5
7	2.210 7	2.502 3	2.660 0	2.826 2	3.185 5	3.583 2	4.507 7	5.629 5	6.982 6	8.605 4
8	2.476 0	2.852 6	3.059 0	3.278 4	3.758 9	4.299 8	5.589 5	7.205 8	9.217 0	11.703
9	2.773 1	3.251 9	3.517 9	3.803 0	4.435 5	5.159 8	6.931 0	9.223 4	12.166	15.917
10	3.105 8	3.707 2	4.045 6	4.411 4	5.233 8	6.191 7	8.594 4	11.806	16.060	21.647
11	3.478 5	4.226 2	4.652 4	5.117 3	6.175 9	7.430 1	10.657	15.112	21.199	29.439
12	3.896 0	4.817 9	5.350 3	5.936 0	7.287 6	8.916 1	13.215	19.343	27.983	40.037
13	4.363 5	5.492 4	6.152 8	6.885 8	8.599 4	10.699	16.386	24.759	36.937	54.451
14	4.887 1	6.261 3	7.075 7	7.987 5	10.147	12.839	20.319	31.691	48.757	74.053
15	5.473 6	7.137 9	8.137 1	9.265 5	11.974	15.407	25.196	40.565	64.359	100.71
16	6.130 4	8.137 2	9.357 6	10.748	14.129	18.488	31.243	51.923	84.954	136.97
17	6.866 0	9.276 5	10.761	12.468	16.672	22.186	38.741	66.461	112.14	186.28

(续上表)

n	12%	14%	15%	16%	18%	20%	24%	28%	32%	36%
18	7.690 0	10.575	12.375	14.463	19.673	26.623	48.039	86.071	148.02	253.34
19	8.612 8	12.056	14.232	16.777	23.214	31.948	59.568	108.89	195.39	344.54
20	9.646 3	13.743	16.367	19.461	27.393	38.338	73.864	139.38	257.92	468.57
21	10.804	15.668	18.822	22.574	32.324	46.005	91.592	178.41	340.45	637.26
22	12.100	17.861	21.645	26.186	38.142	55.206	113.57	228.36	449.39	866.67
23	13.552	20.362	24.891	30.376	45.008	66.247	140.83	292.30	593.20	1 178.7
24	15.179	23.212	28.625	35.236	53.109	79.497	174.63	374.14	783.02	1 603.0
25	17.000	26.462	32.919	40.874	62.669	95.396	216.54	478.90	1 033.6	2 180.1
26	19.040	30.167	37.857	47.414	73.949	114.48	268.51	613.00	1 364.3	2 964.9
27	21.325	34.390	43.535	55.000	87.260	137.37	332.95	784.64	1 800.9	4 032.3
28	23.884	39.204	50.066	63.800	102.97	164.84	412.86	1 004.3	2 377.2	5 483.9
29	26.750	44.693	57.575	74.009	121.50	197.81	511.95	1 285.6	3 137.9	7 458.1
30	29.960	50.950	66.212	85.850	143.37	237.38	634.82	1 645.5	4 142.1	10 143.0
40	93.051	188.83	267.86	378.72	750.38	1 469.8	5 455.9	19 427.0	6 6521.0	*
50	289.00	700.23	1 083.7	1 670.7	3 927.4	9 100.4	46 890.0	*	*	*
60	897.60	2 595.9	4 384.0	7 370.2	20 555.0	56 348.0	*	*	*	*
	* > 99 999									

附表二：复利现值系数表

n	1%	2%	3%	4%	5%	6%	7%	8%	9%	10%
1	.990 1	.980 4	.970 9	.961 5	.952 4	.943 4	.934 6	.925 9	.917 4	.909 1
2	.980 3	.971 2	.942 6	.924 6	.907 0	.890 0	.873 4	.857 3	.841 7	.826 4
3	.970 6	.942 3	.915 1	.889 0	.863 8	.839 6	.816 3	.793 8	.772 2	.751 3
4	.961 0	.923 8	.888 5	.854 8	.822 7	.792 1	.762 9	.735 0	.708 4	.683 0
5	.951 5	.905 7	.862 6	.821 9	.783 5	.747 3	.713 0	.680 6	.649 9	.620 9
6	.942 0	.888 0	.837 5	.790 3	.746 2	.705 0	.666 3	.630 2	.596 3	.564 5
7	.932 7	.860 6	.813 1	.759 9	.710 7	.665 1	.622 7	.583 5	.547 0	.513 2
8	.923 5	.853 5	.787 4	.730 7	.676 8	.627 4	.582 0	.540 3	.501 9	.466 5
9	.914 3	.836 8	.766 4	.702 6	.644 6	.591 9	.543 9	.500 2	.460 4	.424 1
10	.905 3	.820 3	.744 1	.675 6	.613 9	.558 4	.508 3	.4632	.422 4	.385 5
11	.896 3	.804 3	.722 4	.649 6	.5847	.526 8	.475 1	.428 9	.387 5	.350 5
12	.887 4	.788 5	.701 4	.624 6	.556 8	.497 0	.444 0	.397 1	.355 5	.318 6
13	.878 7	.773 0	.681 0	.600 6	.530 3	.468 8	.415 0	.367 7	.326 2	.289 7
14	.870 0	.757 9	.661 1	.577 5	.505 1	.442 3	.387 8	.340 5	.299 2	.263 3
15	.861 3	.743 0	.641 9	.555 3	.481 0	.417 3	.362 4	.315 2	.274 5	.239 4
16	.852 8	.728 4	.623 2	.533 9	.458 1	.393 6	.338 7	.291 9	.251 9	.217 6
17	.844 4	.714 2	.605 0	.513 4	.436 3	.371 4	.316 6	.270 3	.231 1	.197 8

(续上表)

n	1%	2%	3%	4%	5%	6%	7%	8%	9%	10%
18	.836 0	.700 2	.587 4	.493 6	.415 5	.350 3	.295 9	.250 2	.212 0	.179 9
19	.827 7	.686 4	.570 3	.474 6	.395 7	.330 5	.276 5	.231 7	.194 5	.163 5
20	.819 5	.673 0	.553 7	.456 4	.376 9	.311 8	.258 4	.214 5	.178 4	.148 6
21	.811 4	.659 8	.537 5	.438 8	.358 9	.294 2	.241 5	.198 7	.163 7	.135 1
22	.803 4	.646 8	.521 9	.422 0	.3418	.277 5	.225 7	.183 9	.150 2	.122 8
23	.795 4	.634 2	.506 7	.405 7	.325 6	.261 8	.210 9	.170 3	.137 8	.111 7
24	.787 6	.621 7	.491 9	.390 1	.310 1	.247 0	.197 1	.157 7	.126 4	.101 5
25	.779 8	.609 5	.477 6	.375 1	.295 3	.233 0	.184 2	.146 0	.116 0	.092 3
26	.772 0	.597 6	.463 7	.360 4	.281 2	.219 8	.172 2	.135 2	.106 4	.083 9
27	.764 4	.585 9	.450 2	.346 8	.267 8	.207 4	.160 9	.125 2	.097 6	.076 3
28	.756 8	.574 4	.437 1	.333 5	.255 1	.195 6	.150 4	.115 9	.089 5	.069 3
29	.749 3	.563 1	.424 3	.320 7	.242 9	.184 6	.140 6	.107 3	.082 2	.063 0
30	.741 9	.552 1	.412 0	.308 3	.231 4	.174 1	.131 4	.099 4	.075 4	.057 3
35	.705 9	.500 0	.355 4	.253 4	.181 3	.130 1	.093 7	.067 6	.049 0	.035 6
40	.671 7	.452 9	.306 6	.208 3	.142 0	.097 2	.066 8	.046 0	.031 8	.022 1
45	.649 1	.410 2	.264 4	.171 2	.111 3	.072 7	.047 6	.031 3	.020 7	.013 7
50	.608 0	.371 5	.228 1	.140 7	.087 2	.054 3	.033 9	.021 3	.013 4	.008 5
55	.578 5	.336 5	.196 8	.115 7	.068 3	.040 6	.024 2	.014 5	.008 7	.005 3

（续上表）

n	12%	14%	15%	16%	18%	20%	24%	28%	32%	36%
1	.892 9	.877 2	.869 6	.862 1	.847 5	.833 3	.806 5	.781 3	.757 6	.735 3
2	.797 2	.769 5	.756 1	.743 2	.718 2	.694 4	.650 4	.610 4	.573 9	.540 7
3	.711 8	.675 0	.657 5	.640 7	.608 6	.578 7	.524 5	.476 8	.434 8	.397 5
4	.635 5	.592 1	.571 8	.552 3	.515 8	.482 3	.423 0	.372 5	.329 4	.292 3
5	.567 4	.519 4	.497 2	.476 2	.437 1	.401 9	.341 1	.291 0	.249 5	.214 9
6	.506 6	.455 6	.432 3	.410 4	.370 4	.334 9	.275 1	.227 4	.189 0	.158 0
7	.452 3	.399 6	.375 9	.353 8	.313 9	.279 1	.221 8	.177 6	.143 2	.116 2
8	.403 9	.350 6	.326 9	.305 0	.266 0	.232 6	.178 9	.138 8	.108 5	.085 4
9	.360 6	.307 5	.284 3	.263 0	.225 5	.193 8	.144 3	.108 4	.082 2	.062 8
10	.322 0	.269 7	.247 2	.226 7	.191 1	.161 5	.116 4	.084 7	.062 3	.046 2
11	.287 5	.236 6	.214 9	.195 4	.161 9	.134 6	.093 8	.066 2	.047 2	.034 0
12	.256 7	.207 6	.186 9	.168 5	.137 3	.112 2	.055 7	.051 7	.035 7	.025 0
13	.229 2	.182 1	.162 5	.145 2	.116 3	.093 5	.061 0	.040 4	.027 1	.018 4
14	.204 6	.159 7	.141 3	.125 2	.098 5	.077 9	.049 2	.031 6	.020 5	.013 5
15	.182 7	.140 1	.122 9	.107 9	.083 5	.064 9	.039 7	.024 7	.015 5	.009 9
16	.163 1	.122 9	.106 9	.098 0	.070 9	.054 1	.032 0	.019 3	.011 8	.007 3
17	.145 6	.107 8	.092 9	.080 2	.060 0	.045 1	.025 9	.015 0	.008 9	.005 4
18	.130 0	.094 6	.080 8	.069 1	.050 8	.037 6	.020 8	.011 8	.006 8	.003 9
19	.116 1	.082 9	.070 3	.059 6	.043 1	.031 3	.016 8	.009 2	.005 1	.002 9

(续上表)

n	12%	14%	15%	16%	18%	20%	24%	28%	32%	36%
20	.103 7	.072 8	.061 1	.051 4	.036 5	.026 1	.013 5	.007 2	.003 9	.002 1
21	.092 6	.063 8	.053 1	.044 3	.030 9	.021 7	.010 9	.005 6	.002 9	.001 6
22	.082 6	.056 0	.046 2	.038 2	.026 2	.018 1	.008 8	.004 4	.002 2	.001 2
23	.073 8	.049 1	.040 2	.032 9	.022 2	.015 1	.007 1	.003 4	.001 7	.000 8
24	.065 9	.043 1	.034 9	.028 4	.018 8	.012 6	.005 7	.002 7	.001 3	.000 6
25	.058 8	.037 8	.030 4	.024 5	.016 0	.010 5	.004 6	.002 1	.001 0	.000 5
26	.052 5	.033 1	.026 4	.021 1	.013 5	.008 7	.003 7	.001 6	.000 7	.000 3
27	.046 9	.029 1	.023 0	.018 2	.011 5	.007 3	.003 0	.001 3	.000 6	.000 2
28	.041 9	.025 5	.020 0	.015 7	.009 7	.006 1	.002 4	.001 0	.000 4	.000 2
29	.037 4	.022 4	.017 4	.013 5	.008 2	.005 1	.002 0	.000 8	.000 3	.000 1
30	.033 4	.019 6	.015 1	.011 6	.007 0	.004 2	.001 6	.000 6	.000 2	.000 1
35	.018 9	.010 2	.007 5	.005 5	.003 0	.001 7	.000 5	.000 2	.000 1	*
40	.010 7	.005 3	.003 7	.002 6	.001 3	.000 7	.000 2	.000 1	*	*
45	.006 1	.002 7	.001 9	.001 3	.000 6	.000 3	.000 1	*	*	*
50	.003 5	.001 4	.000 9	.000 6	.000 3	.000 1	*	*	*	*
55	.002 0	.000 7	.000 5	.000 3	.000 1	*	*	*	*	*
	* < .000 1									

附表三：年金终值系数表

n	1%	2%	3%	4%	5%	6%	7%	8%	9%	10%
1	1.000 0	1.000 0	1.000 0	1.000 0	1.000 0	1.000 0	1.000 0	1.000 0	1.000 0	1.000 0
2	2.010 0	2.020 0	2.030 0	2.040 0	2.050 0	2.060 0	2.070 0	2.080 0	2.090 0	2.100 0
3	3.030 1	3.060 4	3.090 9	3.121 6	3.152 5	3.183 6	3.214 9	3.246 4	3.278 1	3.310 0
4	4.060 4	4.121 6	4.183 6	4.246 5	4.310 1	4.374 6	4.439 9	4.506 1	4.573 1	4.641 0
5	5.101 0	5.204 0	5.309 1	5.416 3	5.525 6	5.637 1	5.750 7	5.866 6	5.984 7	6.105 1
6	6.152 0	6.308 1	6.468 4	6.633 0	6.801 9	6.975 3	7.153 3	7.335 9	7.523 3	7.715 6
7	7.213 5	7.434 3	7.662 5	7.898 3	8.142 0	8.393 8	8.654 0	8.922 8	9.200 4	9.487 2
8	8.285 7	8.583 0	8.892 3	9.214 2	9.549 1	9.897 5	10.260	10.637	11.028	11.436
9	9.368 5	9.754 6	10.159	10.583	11.027	11.491	11.978	12.488	13.021	13.579
10	10.462	10.950	11.464	12.006	12.578	13.181	13.816	14.487	15.193	15.937
11	11.567	12.169	12.808	13.486	14.207	14.972	15.784	16.645	17.560	18.531
12	12.683	13.412	14.192	15.026	15.917	16.870	17.888	18.977	20.141	21.384
13	13.809	14.680	15.618	16.627	17.713	18.882	20.141	21.495	22.953	24.523
14	14.947	15.974	17.086	18.292	19.599	21.015	22.550	24.214	26.019	27.975
15	16.097	17.293	18.599	20.024	21.579	23.276	25.129	27.152	29.361	31.772
16	17.258	18.639	20.157	21.825	23.657	25.673	27.888	30.324	33.003	35.950
17	18.430	20.012	21.762	23.698	25.840	28.213	30.840	33.750	36.974	40.545

（续上表）

n	1%	2%	3%	4%	5%	6%	7%	8%	9%	10%
18	19.615	21.412	23.414	25.645	28.132	30.906	33.999	37.450	41.301	45.599
19	20.811	22.841	25.117	27.671	30.539	33.760	37.379	41.446	46.018	51.159
20	22.019	24.297	26.870	29.778	33.066	36.786	40.995	45.752	51.160	57.275
21	23.239	25.783	28.676	31.969	35.719	39.993	44.865	50.423	56.765	64.002
22	24.472	27.299	30.537	34.248	38.505	43.392	49.006	55.457	62.873	71.403
23	25.716	28.845	32.453	36.618	41.430	46.996	53.436	60.883	69.532	79.543
24	26.973	30.422	34.426	39.083	44.502	50.816	58.177	66.765	76.790	88.497
25	28.243	32.030	36.459	41.646	47.727	54.863	63.249	73.106	84.701	98.347
26	29.526	33.671	38.553	44.312	51.113	59.156	68.676	79.954	93.324	109.18
27	30.821	35.344	40.710	47.084	54.669	63.706	74.484	87.351	102.72	121.10
28	32.129	37.051	42.931	49.968	58.403	68.528	80.698	95.339	112.97	134.21
29	33.450	38.792	45.219	52.966	62.323	73.640	87.347	103.97	124.14	148.63
30	34.785	40.568	47.575	56.085	66.439	79.058	94.461	113.28	136.31	164.49
40	48.886	60.402	75.401	95.026	120.80	154.76	199.64	259.06	337.88	442.59
50	64.463	84.579	112.80	152.67	209.35	290.34	406.53	573.77	815.08	1163.9
60	81.670	114.05	163.05	237.99	353.58	533.13	813.52	1253.2	1944.8	3034.8

(续上表)

n	12%	14%	15%	16%	18%	20%	24%	28%	32%	36%
1	1.000 0	1.000 0	1.000 0	1.000 0	1.000 0	1.000 0	1.000 0	1.000 0	1.000 0	1.000 0
2	2.120 0	2.140 0	2.150 0	2.160 0	2.180 0	2.200 0	2.240 0	2.280 0	2.320 0	2.360 0
3	3.374 4	3.439 6	3.472 5	3.505 6	3.572 4	3.640 0	3.777 6	3.918 4	3.062 4	3.209 6
4	4.779 3	4.921 1	4.993 4	5.066 5	5.215 4	5.368 0	5.684 2	6.015 6	6.362 4	6.725 1
5	6.352 8	6.610 1	6.742 4	6.877 1	7.154 2	7.441 6	8.048 4	8.699 9	9.398 3	10.146
6	8.115 2	8.535 5	8.753 7	8.977 5	9.442 0	9.929 9	10.980	12.136	13.406	14.799
7	10.089	10.730	11.067	11.414	12.142	12.916	14.615	16.534	18.696	21.126
8	12.300	13.233	13.727	14.240	15.327	16.499	19.123	22.163	25.678	29.732
9	14.776	16.085	16.786	17.519	19.086	20.799	24.712	29.369	34.895	41.435
10	17.549	19.337	20.304	21.321	23.521	25.959	31.643	38.593	47.062	57.352
11	20.655	23.045	24.349	25.733	28.755	32.150	40.238	50.398	63.122	78.998
12	24.133	27.271	29.002	30.850	34.931	39.581	50.895	65.510	84.320	108.44
13	28.029	32.089	34.352	36.786	42.219	48.497	64.110	84.853	112.30	148.47
14	32.393	37.581	40.505	43.672	50.818	59.196	80.496	109.61	149.24	202.93
15	37.280	43.842	47.580	51.660	60.965	72.035	100.82	141.30	198.00	276.98
16	42.753	50.980	55.717	60.925	72.939	87.442	126.01	181.87	262.36	377.69
17	48.884	59.118	65.075	71.673	87.068	105.93	157.25	233.79	347.31	514.66

(续上表)

n	12%	14%	15%	16%	18%	20%	24%	28%	32%	36%
18	55. 750	68. 394	75. 836	84. 141	103. 74	128. 12	195. 99	300. 25	459. 45	770. 94
19	63. 440	78. 969	88. 212	98. 603	123. 41	154. 74	244. 03	385. 32	607. 47	954. 28
20	72. 052	91. 025	102. 44	115. 38	146. 63	186. 69	303. 60	494. 21	802. 86	1 298. 8
21	81. 699	104. 77	118. 81	134. 84	174. 02	225. 03	377. 46	633. 59	1 060. 8	1 767. 4
22	92. 503	120. 44	137. 63	157. 41	206. 34	271. 03	469. 06	812. 00	1 401. 2	2 404. 7
23	104. 60	138. 30	159. 28	183. 60	244. 49	326. 24	582. 63	1 040. 4	1 850. 6	3 271. 3
24	118. 16	158. 66	184. 17	213. 98	289. 49	392. 48	723. 46	1 332. 7	2 443. 8	4 450. 0
25	133. 33	181. 87	212. 79	249. 21	342. 60	471. 98	898. 09	1 706. 8	3 226. 8	6 053. 0
26	150. 33	208. 33	245. 71	290. 09	405. 27	567. 38	1 114. 6	2 185. 7	4 260. 4	8 233. 1
27	169. 37	238. 50	283. 57	337. 50	479. 22	681. 85	1 383. 1	2 798. 7	5 624. 8	11 198. 0
28	190. 70	272. 89	327. 10	392. 50	566. 48	819. 22	1 716. 1	3 583. 3	7 425. 7	15 230. 3
29	214. 58	312. 09	377. 17	456. 30	669. 45	984. 07	2 129. 0	4 587. 7	9 802. 9	20 714. 2
30	241. 33	356. 79	434. 75	530. 31	790. 95	1 181. 9	2 640. 9	5 873. 2	12 941. 0	28 172. 3
40	767. 09	1 342. 0	1 779. 1	2 360. 8	4 163. 2	7 343. 2	27 290. 0	69 377. 0	*	*
50	2400. 0	4 994. 5	7 217. 7	10 436. 0	21 813. 0	45 497. 0	*	*	*	*
60	7 471. 6	18 535. 0	29 220. 0	46 058. 0	*	*	*	*	*	*
	*> 99 999									

附表四：年金现值系数表

n	1%	2%	3%	4%	5%	6%	7%	8%	9%
1	0.990 1	0.980 4	0.970 9	0.961 5	0.952 4	0.943 4	0.934 6	0.925 9	0.917 4
2	1.970 4	1.941 6	1.913 5	1.886 1	1.859 4	1.833 4	1.808 0	1.783 3	1.759 1
3	2.941 0	2.883 9	2.828 6	2.775 1	2.723 2	2.673 0	2.624 3	2.577 1	2.531 3
4	3.902 0	3.807 7	3.717 1	3.629 9	3.546 0	3.465 1	3.387 2	3.312 1	3.239 7
5	4.853 4	4.713 5	4.579 7	4.451 8	4.329 5	4.212 4	4.100 2	3.992 7	3.889 7
6	5.795 5	5.601 4	5.417 2	5.242 1	5.075 7	4.917 3	4.766 5	4.622 9	4.485 9
7	6.728 2	6.472 0	6.230 3	6.002 1	5.786 4	5.582 4	5.389 3	5.206 4	5.033 0
8	7.651 7	7.325 5	7.019 7	6.732 7	6.463 2	6.209 8	5.971 3	5.746 6	5.534 8
9	8.566 0	8.162 2	7.786 1	7.435 3	7.107 8	6.801 7	6.515 2	6.246 9	5.995 2
10	9.471 3	8.982 6	8.530 2	8.110 9	7.721 7	7.360 1	7.023 6	6.710 1	6.417 7
11	10.367 6	9.786 8	9.252 6	8.760 5	8.306 4	7.886 9	7.498 7	7.139 0	6.805 2
12	11.255 1	10.575 3	9.954 0	9.385 1	8.863 3	8.383 8	7.942 7	7.536 1	7.160 7
13	12.133 7	11.348 4	10.635 0	9.985 6	9.393 6	8.852 7	8.357 7	7.903 8	7.486 9
14	13.003 7	12.106 2	11.296 1	10.563 1	9.898 6	9.295 0	8.745 5	8.244 2	7.786 2
15	13.865 1	12.849 3	11.937 9	11.118 4	10.379 7	9.712 2	9.107 9	8.559 5	8.060 7
16	14.717 9	13.577 7	12.561 1	11.652 3	10.837 8	10.105 9	9.446 6	8.851 4	8.312 6
17	15.562 3	14.291 9	13.166 1	12.165 7	11.274 1	10.477 3	9.763 2	9.121 6	8.543 6

(续上表)

n	1%	2%	3%	4%	5%	6%	7%	8%	9%
18	16.398 3	14.992 0	13.753 5	12.689 6	11.689 6	10.827 6	10.059 1	9.371 9	8.755 6
19	17.226 0	15.678 5	14.323 8	13.133 9	12.085 3	11.158 1	10.335 6	9.603 6	8.960 1
20	18.045 6	16.351 4	14.877 5	13.590 3	12.462 2	11.469 9	10.594 0	9.818 1	9.128 5
21	18.857 0	17.011 2	15.415 0	14.029 2	12.821 2	11.764 1	10.835 5	10.016 8	9.292 2
22	19.660 4	17.658 0	15.936 9	14.451 1	13.488 6	12.303 4	11.061 2	10.200 7	9.442 4
23	20.455 8	18.292 2	16.443 6	14.856 8	13.488 6	12.303 4	11.272 2	10.371 1	9.580 2
24	21.243 4	18.913 9	16.935 5	15.247 0	13.798 6	12.550 4	11.469 3	10.528 8	9.706 6
25	22.023 2	19.523 5	17.413 1	15.622 1	14.093 9	12.783 4	11.653 6	10.674 8	9.822 6
26	22.795 2	20.121 0	17.876 8	15.982 8	14.375 2	13.003 2	11.825 8	10.810 0	9.929 0
27	23.559 6	20.705 9	18.327 0	16.329 6	14.643 0	13.210 5	11.986 7	10.935 2	10.026 6
28	24.316 4	21.281 3	18.764 1	16.663 1	14.898 1	13.406 2	12.137 1	11.051 1	10.116 1
29	25.065 8	21.844 4	19.188 5	16.983 7	15.141 1	13.590 7	12.277 7	11.158 4	10.198 3
30	25.807 7	22.396 5	19.600 4	17.292 0	15.372 5	13.764 8	12.409 0	11.257 8	10.273 7
35	29.408 6	24.998 6	21.487 2	18.664 6	16.374 2	14.498 2	12.947 7	11.654 6	10.566 8
40	32.834 7	27.355 5	23.114 8	19.792 8	17.159 1	15.046 3	13.331 7	11.924 6	10.757 4
45	36.094 5	29.490 2	24.518 7	20.720 0	17.774 1	15.455 8	13.605 5	12.108 4	10.881 2
50	39.196 1	31.423 6	25.729 8	21.482 2	18.255 9	15.761 9	13.800 7	12.233 5	10.961 7
55	42.147 2	33.174 8	26.774 4	22.108 6	18.633 5	15.990 5	13.939 9	12.318 6	11.014 0

（续上表）

n	10%	12%	14%	15%	16%	18%	20%	24%	28%	32%
1	0.909 1	0.892 9	0.877 2	0.869 6	0.862 1	0.847 5	0.833 3	0.806 5	0.781 3	0.757 6
2	1.735 5	1.690 1	1.646 7	1.625 7	1.605 2	1.565 6	1.527 8	1.456 8	1.391 6	1.331 5
3	2.486 9	2.401 8	2.321 6	2.283 2	2.245 9	2.174 3	2.106 5	1.981 3	1.868 4	1.766 3
4	3.169 9	3.037 3	2.917 3	2.855 0	2.798 2	2.690 1	2.588 7	2.404 3	2.241 0	2.095 7
5	3.790 8	3.604 8	3.433 1	3.352 2	3.274 3	3.127 2	2.990 6	2.745 4	2.532 0	2.345 2
6	4.355 3	4.111 4	3.888 7	3.784 5	3.684 7	3.497 6	3.325 5	3.020 5	2.759 4	2.534 2
7	4.868 4	4.563 8	4.288 2	4.160 4	4.038 6	3.811 5	3.604 6	3.242 3	2.937 0	2.677 5
8	5.334 9	4.967 6	4.638 9	4.487 3	4.343 6	4.077 6	3.837 2	3.421 2	3.075 8	2.786 0
9	5.759 0	5.328 2	4.916 4	4.771 6	4.606 5	4.303 0	4.031 0	3.565 5	3.184 2	2.868 1
10	6.144 6	5.650 2	5.216 1	5.018 8	4.833 2	4.494 1	4.192 5	3.681 9	3.268 9	2.930 4
11	6.495 1	5.937 7	5.452 7	5.233 7	5.028 6	4.656 0	4.327 1	3.775 7	3.335 1	2.977 6
12	6.813 7	6.194 4	5.660 3	5.420 6	5.197 1	4.793 2	4.439 2	3.851 4	3.386 8	3.013 3
13	7.103 4	6.423 5	5.842 4	5.583 1	5.342 3	4.909 5	4.532 7	3.912 4	3.427 2	3.040 4
14	7.366 7	6.628 2	6.002 1	5.724 5	5.467 5	5.008 1	4.610 6	3.961 6	3.458 7	3.060 9
15	7.606 1	6.810 9	6.142 2	5.847 4	5.575 5	5.091 6	4.675 5	4.001 3	3.483 4	3.076 4
16	7.823 7	6.974 0	6.265 1	5.954 2	5.668 5	5.162 4	4.729 6	4.033 3	3.502 6	3.088 2
17	8.021 6	7.119 6	6.372 9	6.047 2	5.748 7	5.222 3	4.774 6	4.059 1	3.517 7	3.097 1
18	8.201 4	7.249 7	6.467 4	6.128 0	5.817 8	5.273 2	4.812 2	4.079 9	3.529 4	3.103 9

（续上表）

n	10%	12%	14%	15%	16%	18%	20%	24%	28%	32%
19	8.364 9	7.365 8	6.550 4	6.198 2	5.877 5	5.316 2	4.843 5	4.096 7	3.538 6	3.109 0
20	8.513 6	7.469 4	6.623 1	6.259 3	5.928 8	5.352 7	4.869 6	4.110 3	3.545 8	3.112 9
21	8.648 7	7.562 0	6.687 0	6.312 5	5.973 1	5.383 7	4.891 3	4.121 2	3.551 4	3.115 8
22	8.771 5	7.644 6	6.742 9	6.358 7	6.011 3	5.409 9	4.909 4	4.130 0	3.555 8	3.118 0
23	8.883 2	7.718 4	6.792 1	6.398 8	6.044 2	5.342 1	4.924 5	4.137 1	3.559 2	3.119 7
24	8.984 7	7.784 3	6.835 1	6.433 8	6.072 6	5.450 9	4.937 1	4.142 8	3.561 9	3.121 0
25	9.077 0	7.843 1	6.872 9	6.464 1	6.097 1	5.466 9	4.947 6	4.147 4	3.564 0	3.122 0
26	9.160 9	7.895 7	6.906 1	6.490 6	6.118 2	5.480 4	4.956 3	4.151 1	3.565 6	3.122 7
27	9.237 2	7.942 6	6.935 2	6.513 5	6.136 4	5.491 9	4.963 6	4.154 2	3.566 9	3.123 3
28	9.306 6	7.984 4	6.960 7	6.533 5	6.152 0	5.501 6	4.969 7	4.156 6	3.567 9	3.123 7
29	9.369 6	8.021 8	6.983 0	6.550 9	6.165 6	5.509 8	4.974 7	4.158 5	3.568 7	3.124 0
30	9.426 9	8.055 2	7.002 7	6.566 0	6.177 2	5.516 6	4.978 9	4.160 1	3.569 3	3.124 2
35	9.644 2	8.175 5	7.070 0	6.616 6	6.215 3	5.538 6	4.991 5	4.164 4	3.570 8	3.124 8
40	9.779 1	8.243 8	7.105 0	6.641 8	6.233 5	5.548 2	4.996 6	4.165 9	3.571 2	3.125 0
45	9.862 8	8.282 5	7.123 2	6.654 3	6.242 1	5.552 3	4.998 6	4.166 4	3.571 4	3.125 0
50	9.914 8	8.304 5	7.132 7	6.660 5	6.246 3	5.554 1	4.999 5	4.166 6	3.571 4	3.125 0
55	9.947 1	8.317 0	7.137 6	6.663 6	6.248 2	5.554 9	4.999 8	4.166 6	3.571 4	3.125 0